Elisabeth Hinz

Neckarsteinach
gestern und heute

ISBN 3-89426-031-9

Herausgeber: Heimat- und Verkehrsverein Neckarsteinach 1992

Verlag und Herstellung:
Heidelberger Verlagsanstalt und Druckerei GmbH, Heidelberg

Fotos von Elisabeth Hinz mit Ausnahme von S. 25, 31 Oskar Zimmermann,
S. 61, 63, 69, 70, 75 privat

Umschlag: Abbildung Titelseite aus „Große Heidelberger Liederhandschrift, Codex Manesse“, Bligger von Steinach, (Universitätsbibliothek Heidelberg).
Rückseite: Altes Siegel mit dem Harfenwappen aus dem Jahre 1578.

Inhaltsverzeichnis

Blick von der Schleuse auf Neckarsteinach und den Neckar, der früher das Leben der Stadt maßgeblich bestimmte.

Vorwort

Das vorliegende Buch entstand aus Anlaß des 850jährigen Jubiläums von Neckarsteinach. Herausgeber ist der Heimat- und Verkehrsverein der Vierburgenstadt, deren Vorsitzende ich seit März 1991 bin. Es schien mir wichtig, daß gerade der Heimat- und Verkehrsverein einen bleibenden Beitrag zu diesem Jubiläum leistet, mit dem die Stadt die Erinnerung an die Ersterwähnung des Ortsnamens „Steinahe“ in einer Urkunde aus dem Jahre 1142 feiert.

Die Themen des Buches erstrecken sich von der Veröffentlichung und Übersetzung eben dieser Urkunde bis hin zur neuesten Partnerschaftsgründung im Jahre 1991. Die meisten dieser Beiträge sind überarbeitete Artikel aus meiner inzwischen über 13 Jahre währenden Pressetätigkeit für Neckarsteinach bei der Rhein-Neckar-Zeitung, bei der ich mich aus jeweils aktuellem Anlaß mit den verschiedensten heimatkundlichen, aber auch modernen Themen befaßte. Die intensive Beschäftigung mit der Geschichte und den Menschen der Vierburgenstadt ließ irgendwann den Wunsch in mir reifen, Teilbereiche aus Vergangenheit und Gegenwart unserer kleinen Stadt in einem Buch darzustellen.

Das 850jährige Jubiläum und die Bereitschaft des Vorstands des Heimat- und Verkehrsvereins, die finanzielle Seite des Vorhabens zu unterstützen, geben mir nun Gelegenheit dazu. Der Verein erfüllt damit gleichzeitig eine Aufgabe aus seiner Satzung, in der „die Erforschung der Heimatgeschichte und die Bestandsaufnahme der Gegenwart“ gefordert wird.

Allerdings war es dem Verein nicht möglich, die doch sehr hohen Kosten der Drucklegung des Buches allein zu tragen. Dankbar bin ich deshalb besonders dem Kreis Bergstraße, der das Projekt großzügig unterstützt hat. Mit großer Freude und Dankbarkeit möchte ich aber auch die Neckarsteinacher Firmen und Institute nennen, die durch ihre großartige Spendenbereitschaft die restliche Finanzierung gesichert haben:

Fa. Ludwig und Jakob Götz, Fa. Gebrüder Krieger, Fa. Odenwald-Chemie, Volksbank Neckarsteinach, Bezirkssparkasse Heppenheim, Filiale Neckarsteinach und Wilhelm Jeck.

Herrn Frans Hermans aus Dilsberg danke ich für die intensive Hilfe bei der Herstellung des Layouts.

Elisabeth Hinz

Rätsel

Die ersten Silben nennen Dir den Fluß,
Nach dessen schönem Strande
Aus fernem, fernem Lande
Ertonen wird mein sehnsuchtsvoller Gruß.
Die dritte bildet Dir Dein Haus im Leben
Und wird, bist Du geschieden
Zum ewig stillen Frieden,
Auf Deinem Hügel ehrend sich erheben.
Der Hauch der letzten ist dem Herzen eigen,
Wenn ihm das Wort gebricht,
Doch tief die Liebe spricht,
In ihrer Sehnsucht selig bangem Schweigen,
Das Ganze zeigt ehrwürdiges Gemäuer
Vier alternder Ruinen
Mit schwesterlichen Mienen,
Die meiner Seele als Erinnerung teuer.

Nikolaus Lehnau
1832

Die Urkunde von 1142

Die Gründung des Klosters Schönau 1142 war der Anlaß für die Entstehung der Urkunde, in der der Ort „Steinahe“ zum erstenmal erwähnt wird. Der neue Orden der Zisterzienser, der aus Frankreich kam und 1130 mit der Gründung des Klosters Eberbach im Bistum Mainz auch in Deutschland Einzug hielt, verlangte nach den Regeln des Hl. Benedikt ein Leben in äußerster Einfachheit und in der Einöde. Diese Reformbewegung erlangte sehr schnell hohes Ansehen, so daß auch der damalige Wormser Bischof Burkhard II. den Wunsch hatte, ein solches Kloster zu stiften, in dem er dann seine Grabstätte finden wollte.

Bei der Suche nach einem geeigneten, den Regeln entsprechenden und wasserreichen Standort entschied sich der Wormser Bischof für die „schöne Au“ im einsamen Steinachtal, das damals fast ganz zum Wormser Odenwaldanteil gehörte. Verliehen war das Land allerdings an die vornehmsten Wormser Vasallen, die Grafen von Lauffen im Neckartal, und diese hatten es wiederum den Edelfreien von Steinach zu Lehen gegeben. Dieses angeblich aus Meißen stammende Rittergeschlecht baute zu Beginn des 12. Jahrhunderts als erste der vier Steinacher Burgen die (erst später so genannte) Hinterburg auf dem strategisch günstigen Hügel zwischen Neckar- und Steinachtal. Der in der Urkunde erwähnte Bligger I. ist wahrscheinlich ihr Erbauer oder aber sein Nachfolger gewesen, ganz sicher aber war er der Vater des späteren Minnesängers Bligger II. und der erste Träger des Vornamens Bligger, der in den weiteren Generationen noch mindestens 22mal vorkommt und später auch „Blicker“, „Bleikard“ oder „Pleickardt“ geschrieben wird. Der Name ist germanischen Ursprungs und bedeutet soviel wie „Blitzspeer“.

Als Entschädigung für das an das Bistum Worms zurückgegebene Gelände im Steinachtal, das zwischen dem Klüpfelbach im Norden und dem Lindenbach im Süden noch heute der Schönauer Gemarkung entspricht, werden Bligger und Graf Boppo von Lauffen mit Geldeinkünften aus verschiedenen Orten zwischen Wimpfen und Ladenburg entlohnt; und Bligger, der in dem Schönauer Tal offensichtlich bereits „Äcker“ und „Weingärten“ angelegt hatte, erhielt außerdem noch die sogenannten „Kirchlose“, eine Abgabe der Kirche an den Bischof, zu Lehen. Dies entsprach etwa einer jährlichen Rente von zwei Pfund. Der Hinweis auf die „Kirchlose“ in der Urkunde ist außerdem ein wichtiger Beweis dafür, daß der Ort Steinach 1142 bereits eine Kirche hatte und also wesentlich älter als 850 Jahre sein muß.

Übersetzung der Urkunde

Im Namen der heiligen Dreieinigkeit. Ich Buggo, auch Burcardus, von Gottes Gna n Bischof der Kirche zu Worms allen Getreuen auf ewig zum Heil im Herrn. [. . .] Wir haben keine Gemeinschaft, die fortdauert, und deshalb müssen wir mit all unseren Kräften und durch die Gnade Gottes bei jenem Kampf mitwirken bis Friede und Freude herrschen ohne Ende.

Und infolgedessen vermögen wir selbst für die Kirche und zur Ehre Gottes und zum Dienst an ihm zu den Gaben beizutragen, und wir hoffen dafür den ewigen Lohn zu empfangen. Daher will ich Buggo, auch Burcardus, vielleicht unverdient aber dennoch Bischof zu Worms, daß (folgendes) bekannt gemacht wird, so daß es jeder in der gegenwärtigen Zeit und auch die Nachwelt erfahren möge.

Ich habe den Ort in Schönau abgetreten unter der Voraussetzung, daß er zur Verehrung und zum Dienst Gottes genutzt wird und daß ich nach der Erlösung meines Körpers ebendort von meinen Mühen ausruhen werde. Ich habe mich von dem Recht auf Besitz und Abgaben befreit und bin erlöst von aller weltlichen Macht, und auf den Herrn und die Verteidigung aller mir rechtmäßig nachgefolgten Bischöfe zu Worms beschränkt. Den dienenden Brüdern des Ordens habe ich die Regel des seeligen Benedikts hinterlassen.

Alle diese Güter werden verliehen, um Gott die Ehre zu erweisen, und ich gebe das Besitzrecht der Kirche des Apostels St. Peter zu Worms auf, das wir immer geschützt haben. Und dieses bekam Graf Boppo v. Laufen von uns verliehen, und von ihm „Bliggerus" v. Steinach, [der es an „Buggo", den Bischof bei der Gründung und Befreiung Schönaus, weitergab]. Bliggerus hat allen Anspruch auf den Ort dem Grafen Boppo zurückgegeben, von „Kluphelespach" bis „Blindenbach", Wiesen, Äcker, Seen, Weingärten, Wälder zwischen „Gansaha" und „Ottersbuch". Und dieser selbst legte es wieder in unsere Hände. [. . .]

Ich aber belehnte mit demselben beide, in der Stadt „Wimpinensis" [in der Urkunde: „Wimptze"] und in den Orten „Auenheim", „Botelheim" und „Isensheim". Der obengenannte Graf legte das Lehen zurück in die Hand Bliggerus'.

Ich habe schließlich dem angesehenen Bliggerus auf Grund seiner Treue das Lehen endgültig zugewiesen.

Ich belehnte ihn und seine Nachkommen mit Zustimmung unserer Kirche mit jenem Besitz der Kirche zu Steinach, [. . .] der allgemein Kirchlose genannt wird, und sie besitzen dies wie auch die Freiheit Schönaus aus der Hand des Bischofs. Dies alles bleibt unveränderlich bestehen.

Wir haben vorgeschrieben, daß zur Versicherung und Bekräftigung der vorliegendenden Urkunde dieser unser Siegel aufgedrückt wird.

Zeugen sind: Gotlefridus Vorsteher des Hauses, „Jubelungus" Küster, Gumpertus Vorsteher (des Ordens/der Kirche) des Hl. Cyriacus, Sigefridus Vorsteher von „Wimpinensis", Sigefridus Vorsteher (der Kirche/des Ordens) des Hl. Martins, Heinrich Dekan des Hauses, Hermann Vorsteher der Schule u. a. mehr. Von den Freien: Boppo Graf v. Lauffen, Bliggerus v. Steinach und dessen Bruder Konrad, Konrad v. Hirzberg, Konrad „Spore". Von den Dienstmannen: Gumpertus Zöllner, Gerboto und sein Bruder Werner und andere mehr.

Geschehen zu Worms in der Regierungszeit König Konrads, im Jahre 1142 am Tage der „Menschwerdung des Herrn" [25. 12.].

(Übersetzung: Gabi Dub, Karlsruhe)

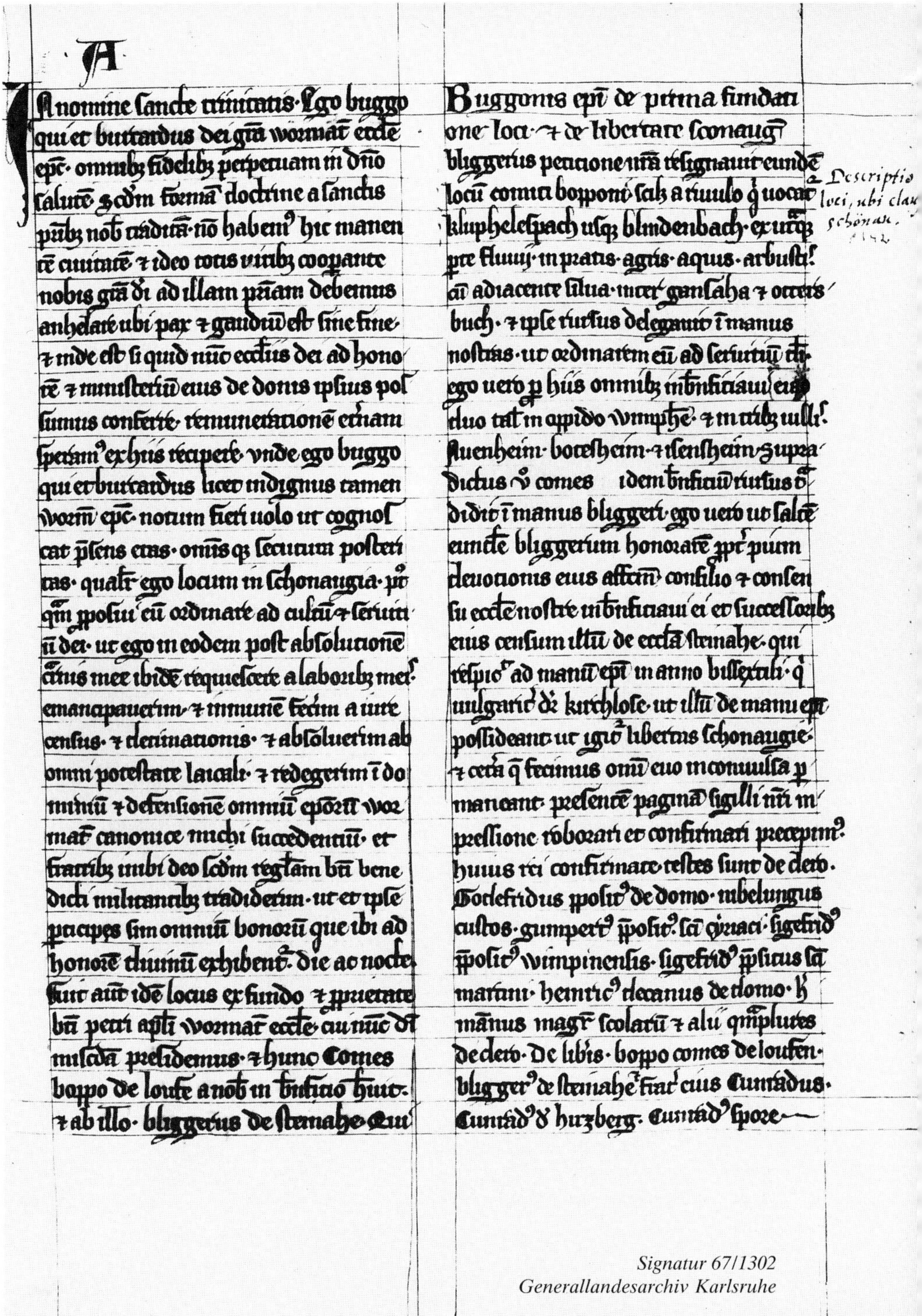

In nomine sancte trinitatis. Ego buggo qui et burcardus dei gratia wormatiensis ecclesie episcopus. omnibus fidelibus perpetuam in domino salutem. secundum formam doctrine a sanctis patribus nobis traditam. non habentes hic manentem civitatem. et ideo totis viribus cooperante nobis gratia dei ad illam patriam debemus anhelare ubi pax et gaudium est sine fine. et inde est si quid nunc ecclesiis dei ad honorem et ministerium eius de donis ipsius possumus conferre. remunerationem etiam speramus ex hiis recipere. unde ego buggo qui et burcardus licet indignus tamen wormatiensis episcopus. notum fieri volo ut cognoscat presens etas. omnisque secutura posteritas. qualiter ego locum in schonaugia. primum imposui eum ordinare ad cultum et servitium dei. ut ego in eodem post absolutionem carnis mee ibidem requiescere a laboribus meis emancipaverim. et immunem fecerim a iure census. et decimationis. et absolverim ab omni potestate laicali. et redegerim in dominium et defensionem omnium episcoporum wormatiensis canonice michi succedentium. et fratribus inibi deo secundum regulam beati benedicti militantibus tradiderim. ut et ipsi participes sint omnium bonorum que ibi ad honorem divinum exhibentur. die ac nocte. Fuit autem idem locus ex fundo et proprietate beati petri apostoli wormatiensis ecclesie cui nunc dei misericordia presidemus. et hunc Comes boppo de loufe a nobis in beneficio habuit. et ab illo. bliggerus de steinahe. Qui

Buggonis episcopi de prima fundatione loci. et de libertate sconaugie.

bliggerus peticione nostra resignavit eundem locum comiti bopponi. scilicet a rivulo qui vocatur kluphelesbach usque blindenbach. ex utraque parte fluvii. in pratis. agris. aquis. arbustis. cum adiacente silva. inter gansaha et ottersbuch. et ipse rursus delegavit in manus nostras. ut ordinarem eum ad servitium dei. ego vero pro hiis omnibus infeudavi eis duo talenta in oppido wimphe. et in tribus villis. Auenheim. botesheim. et isensheim. Supradictus vero comes idem beneficium rursus dedidit in manus bliggeri. ego vero ut saltem eundem bliggerum honorarem propter puram devotionis eius affectum consilio et consensu ecclesie nostre infeudavi ei et successoribus eius censum illum de ecclesia steinahe. qui tempore ad manum episcopi in anno bissextili. quod vulgariter dicitur kirchlose. ut illum de manu episcopi possideant. ut igitur libertas schonaugie. et cetera que fecimus omni evo inconvulsa permaneant. presentem paginam sigilli nostri impressione roborari et confirmari precepimus. Huius rei confirmatores testes sunt de clero. Godefridus prepositus de domo. nibelungus custos. gumpertus prepositus sancti cyriaci. sigefridus prepositus wimpinensis. sigefridus prepositus sancti martini. heinricus decanus de domo. Hermannus magister scolarum et alii quamplures de clero. De liberis. boppo comes de loufen. bligger de steinahe. frater eius Cunradus. Cunradus de hirzberg. Cunradus spore

a Descriptio loci, ubi claustrum schönau. 1142

Signatur 67/1302
Generallandesarchiv Karlsruhe

Minnesänger Bligger II.

Eine schwarze Harfe auf goldenem Schild zeigt das Stadtwappen von Neckarsteinach und dieses schöne, alte Musikinstrument ziert auch das städtische Siegel von 1650. Die Harfe verdankt die Vierburgenstadt ihrem berühmtesten Sohn, Bligger II., der von 1152 bis 1210 lebte und als ritterlicher Minnesänger unsterblich in der Heidelberger *„Manessischen Liederhandschrift"* verewigt ist (siehe Titelbild).
Bligger II. gehörte dem Geschlecht der Edelfreien von Steinach an, das seit 1142 urkundlich in Erscheinung tritt und innerhalb von nur drei Generationen die vier Burgen von Neckarsteinach und die Harfenburg bei Heddesbach im Ulfenbachtal erbaute. Die Stammburg des Geschlechts war die heutige Hinterburg, mit deren Bau Bligger I. begonnen hatte, die aber von seinem Sohn, Bligger II., noch wesentlich erweitert wurde.
Bligger II. ist eine typische Gestalt des Hochmittelalters, als sich das ritterlich-höfische Leben reich zu entfalten begann. In diese Zeit fällt auch das Aufblühen des Minnegesangs, einer von Angehörigen der Adelsgeschlechter vorgetragenen Liebeslyrik, deren Hochblüte auf die Jahre zwischen 1180 und 1220 angesetzt wird und damit genau mit dem erwachsenen Leben des Steinacher Minnesängers zusammenfällt.
Es muß angenommen werden, daß das Steinacher Rittergeschlecht zu jener Zeit bereits eine gewisse Bedeutung hatte, denn schon 1150 wird Conrad I., ein Bruder von Bligger I., Bischof von Worms, dem damals mächtigsten deutschen Fürstbischofssitz. Obwohl keine Beweise dafür vorliegen, ist es nicht abwegig zu vermuten, daß Bligger II. als damals 18jähriger mit diesem Conrad, seinem Onkel, 1170 nach Konstantinopel reiste, wo dieser als Brautwerber für den Sohn des Kaisers Friedrich I. Barbarossa auftrat. Angenommen wird auch, daß er im Gefolge von Barbarossa am dritten Kreuzzug nach Jerusalem 1189 teilnahm, denn in einem seiner drei erhaltenen Gedichte beklagt er mit Hinweis auf den Sarazenenfürsten Saladin sein Heimweh und die Sehnsucht nach seiner Geliebten in den vertrauten heimischen Landen.
Ganz sicher verbürgt sind seine Reisen als Begleiter von Kaiser Heinrich VI. (1165–1197) nach Süditalien, denn sein Name erscheint in vier Kaiserurkunden der Jahre 1193–1196. Er beeidet z. B. in Piacenza, Italien, als „Blikerus de Steina" eine Schenkungsurkunde des Kaisers an den Bischof von Brixen. Und auch noch 1209 finden wir den Namen Bliggers II. in Italien, diesmal im Gefolge Kaiser Ottos IV. und zwar am 1. November 1209 in San Mineato und am 8. November in Ficicium. Unter den gleichen Schriftstücken steht auch der

Name des Patriachen von Aquileja und früheren Bischofs von Passau, Wolfgers von Engelbrechtskirchen, zu dessen Begleitern der Minnesänger Walther von der Vogelweide häufig gehörte. Man kann also durchaus davon ausgehen, daß diese beiden Meister des höfischen Liebesgesangs sich kennengelernt haben.

Zeugnis von der überragenden Dichtkunst des Steinacher Minnesängers aber gibt Gottfried von Straßburg. Dieser ebenfalls hochberühmte Liederkünstler der Stauferzeit beschreibt in seinem 1205–1210 entstandenen Epos „Tristan" die Dichtkunst des Bliggers als „harfengleich". In einer Aufzählung der berühmtesten Epiker seiner Zeit nennt er nach Hartmann von der Aue und Wolfram von Eschenbach gleich den Bligger von Steinach und ist voll des Lobes wegen seiner Sprachkunst. Frei ins Hochdeutsche übersetzt, heißt es im „Tristan" wörtlich:

Noch gibt's der Farbenmeister mehr:
Bligger von Steinach tritt daher
mit seinen Worten, den wundersamen,
von edlen Frauen, gewirkt am Rahmen
von Gold und Seide köstlich reich.
Man möchte sie durchzieren gleich'
Licht mit der Griechen Borten.
Vollendung glänzt aus seinen Worten:
Sein Sinn, er ist so klar und rein,
es müssen Feen gewesen sein,
die ihn so wunderfein gesponnen
und lieblich in kristallnen Bronnen
ihm liehen hehrste Lauterkeit:
von Feen ist er fürwahr gefeit.
Die Zunge sein, die harfengleiche,
beherrscht zwei heilbeglückte Reiche:
Süßes Wort und klug Empfinden
harfend sich die zwei verbinden,
daß selten süß die Mähre klingt.
Der Meister, der die Worte zwingt,
nehmt wahr, wie seines Sanges Kraft,
des Vorhangs Wunderbilder schafft,
die er mit klugem Wort entwirft;
wie er gewandt die Messer wirft
zu wohlgefügten Reimen.
Wie kann er Reime leimen,
daß sie untrennbar sich vereinen,
auch will es mir im Herzen scheinen,
er müsse Buch- und Schriftbuchstaben
wie Federn angebunden haben,
denn schwebend fliegen, nehmt es wahr,
die Worte sein gleich einem Aar.

Nach übereinstimmender Meinung aller Experten müssen sich die hier erwähnten „Vorhangs Wunderbilder" auf das damals berühmteste, aber leider verschollene Werk des Steinacher Dichters, den „Umbehanc" beziehen, denn auch der Minnesänger Rudolf von Ems rühmt in seinem Alexanderroman dieses

Epos des Bliggers als „einzigartig“ und „niemals wieder zu vollbringendes Meisterwerk“. Nach seiner Beschreibung muß man sich wohl den „Umbehanc“ als eine „endlos laufende Bildertapete“ oder als einen „ewig weiterzuwirkenden Wandteppich“ vorstellen, in dem in einer originellen Einkleidung antike Sagen und Fabeln oder auch Minne-Episoden aneinandergereiht waren. Von diesem epischen Werk ist – wie gesagt – nichts erhalten geblieben.

Aufbewahrt aber werden in der Heidelberger Liederhandschrift neben der Miniatur des Dichters noch drei Gedichte, in denen Bligger II. die beherrschenden Themen des Minnegesangs aufgreift: Liebesleid und Liebesglück und vor allem den Seelenzustand des Menschen, der von unerfüllbarer Minne getroffen ist.

Hier alle drei noch überlieferten Gedichte des Neckarsteinacher Minnesängers im Original und in der Übertragung ins Hochdeutsche durch den Germanisten Dr. Bert Nagel (1954):

I.

Mín alte swáere die kláge ich für níuwe,
wan si getwanc mich sô harte nie mê.
ich weiz wol durch waz si mir tuot sô wê:
daz michs verdriez(e) und diu nôt mich geriuwe
die ich ie hâte ûf trôstlîchen wân.
nein, ich enmac noch enlât mich mîn triuwe.
swie schier(e) uns diu sumerzît aber zergê,
des wurde rât, mües ir hulde ich hân.
die naem(e) ich für bluomen, für loup und für klê.

Ich getar niht vor den liuten gebâren
als ez mir stât. dûhtez ir einen guot,
dâ bî sint vier den mîn leit sanfte tuot.
boes(e) unde guote gescheiden ie wâren:
der site müeze ouch lancstaete sîn.
ir beider willen kan niemen gevâren:
wan er ist unwert, swer vor nîd(e) ist behuot.
si haben in daz ir unde lân mir daz mîn
und sweme dâ gelinge, der sî wol gemuot.

Erneute Klage

Méin altes Léid ich bekláge aufs néue,
dénn die Gelíebte betrübt mich zu séhr.
Ich weiss den Grúnd auch für díese Beschwér:
Prúefet sie dóch, ob die Quál mich geréue,
díe ich durchlítten in hóffendem Wáhn.
Níemals jedóch geb ich áuf meine Tréue!
Und wénn auch der Sómmer sich rásch von uns kéhr,
Wáer ich doch fróh, nähm in Húld sie mich án
Und díchte der Wónnen des Sómmers nicht méhr.

Nícht darf ich jémals der Wélt offenbáren,
wíe's um mich stéht. Dünkt es éinen auch gút,
Trágen vier ándre mir háesslichen Mút.
Bóese und Gúte geschíeden je wáren.
Díes wird auch ímmer und éwig so séin.

Béiden zugléich kann níemand willfáhren:
Dénn nur ein Trópf nie noch Néid auf sich lúd!
Hab jéder das Séine und láss mir, was méin.
Und wém das gelínge, sei fróehlich gemút.

II.

Er fúnde gúoten kóuf an mínen járen,
der âne vröide wolte werden alt,
wan si mir leider ie unnütze wâren.
umb einez daz waer als ein trôst gestalt
gaeb ich ir driu. sô vürht(e) ich den gewalt.
des gêt mir nôt. wie sol ein man gebâren
der âne reht ie sîner triuw(e) engalt?

Befund(e) ich noch waz für die grôzen swaere,
die ich nu lange an mínem herzen hân,
bezzer dann(e) ein staeter dienest waere,
des wurd(e) ein michel teil von mir getân.
hulf ez mich iht, sô waere daz mîn wân,
swer alliu wîp durch eine gar verbaere,
daz man in des geniezen solte lân.

Ich funde noch die schoenen bî dem Rîne
von der mir ist daz herze sêre wunt
michels harter dann(e) ez an mir schîne,
(waer(e) ich dâ heim(e). ich wurde noch gesunt,)
wurd(e) ir mîn grôze swaere kunt,
diu mir ist alse Dômas Saladîne
und lieber möhtez sîn wol tûsend stunt.

Freudlose Zeit

Er fände guten Kauf an meinen Jahren,
der ohne Freude wollte werden alt,
da sie mir leider stets unnütze waren.
Drei Jahr für eins von freundlicher Gestalt
gäb ich – aus Furcht vor meines Leids Gewalt.
Dies drückt mich tief. Wie soll ein Mann gebaren,
dem man Beständigkeit mit Kummer nur vergalt?

Erfände ich, was für die Kummerschwere,
die allzulang ich schon im Herzen han,
besser noch als treues Dienen waere,
so würde dies gar gern von mir getan.
Und hülf es mir, so hegte ich den Wahn:
Wer aller Fraun um einer willn entbehre,
Dem stünde Lohn für solche Treue an.

So fänd ich noch die Schöne dort am Rheine,
durch die mein Herz ist sehnsuchtskrank und wund
weit mehr, als sich enthüllt dem Augenscheine.
Käm ich nur heim! Sie machte mich gesund,
Sie, die mehr als Damaskus Saladeine –
mein Glücksstern ist im weiten Erdenrund.

III.

Ich mérk(e) ein wúnder án dem gráse, daz níht von hérte mác
gewern an sîner staete einen ganzen tac.
dan ist diu herte niht bewart.
waer ez ze mâze hert(e), ez stüende vaster.
daz selbe wunder siht man an den liuten, waene ich, same.
swer âne milte guotes pfligt und âne schame,
den wirfets in vil swinder art
in einen schaden und in ein êwic laster.
des mannes sterke waere guot
die er ze rehten dingen lieze schînen.
so ist aber menger sô gemuot
daz er der geste haz bejaget und leidet sich den sînen.
sol des êre lange wern, daz muoz ein wunder wesen.
ich engehôrte nie gesagen
dazz ie geschaehe noch enhâns ouch niht gelesen.

Gleichnis

Gar wúndern múss mich án dem Gráse, dáss es nícht vermág
aus innrer Kraft zu dauern mehr als einen Tag.
So nichtig seine Stärke ist bestellt.
Hätt es die rechte Kraft, wär fester sein Bestand.
Genau das gleiche Übel, dünkt mich, du am Menschen siehst.
Wer ohne Scham und herzlos reichen Guts geniesst,
Welkt hin so rasch wie dürres Gras und fällt
in der Verdammnis ewgen Höllenbrand.
Doch dessen Stärke wäre gut,
der sie in rechten Werken liess erscheinen.
Nur ist fast jeder so gemut,
dass er die Gäste kränkt und sich verdriesst den Seinen.
Soll dessen Ehr bestehn, das wär ein Wunderwesen.
Allein, daß solches könnt geschehn,
Ich niemals noch vernahm und hab's auch nicht gelesen.

Erwähnenswert in diesem Zusammenhang ist auch das Verdienst eines anderen Neckarsteinacher Ritters. Landschad Bligger XIV. verdankt die Geschichtswissenschaft wahrscheinlich einen wichtigen Hinweis auf den Verbleib der Heidelberger Liederhandschrift, deren frühe Geschichte noch weitgehend ungeklärt ist. Man weiß, daß die um 1300 von einer Schweizer Familie „Manesse" gesammelten Liederhandschriften sich um 1450 noch in Zürich befanden. 1490 aber sieht sie – ohne daß der Weg dorthin erklärbar ist – obenerwähnter Bligger XIV. im Heidelberger Schloß, wo er als Hofmeister lange Jahre in Diensten der pfälzischen Kurfürsten stand. Er war einer der bedeutensten Persönlichkeiten des Neckarsteinacher Rittergeschlechts, baute 1481 die spätgotische, heute evangelische Kirche und schrieb 1494 die „Chronik der Familie der Landschaden" auf. In einer chronikalischen Randnotiz erwähnt er die „Manessische Liederhandschrift", denn sie muß ja für ihn von besonderem Interesse gewesen sein, fand er doch hier einen berühmten Vorfahren seines Geschlechts in Wort und Bild wieder.

Die Hinterburg oder auch Stammburg der Edelfreien von Steinach. Begonnen um 1100 von Bligger I. oder seinem Vorgänger; von Minnesänger Bligger II. aber noch monumental zu einer großartigen staufischen Burganlage erweitert. Der mächtige Bergfried hat Mauern bis zu 3 m Dicke

Warum und wie Neckarsteinach hessisch wurde

Als die Edelfreien von Steinach im Jahre 1142 das heutige Gemarkungsgebiet von Schönau für die Gründung des Klosters zur Verfügung stellten, gehörte der größte Teil des Steinachtals zum Besitz des Bistums Worms. Schon 1011 war nämlich nahezu der gesamte südliche Odenwald nach jahrzehntelangem Streit mit der Reichsabtei Lorsch dem Bistum Worms zugesprochen worden. Hirschhorn allerdings blieb Lorscher Lehen und kam deshalb später zu Mainz.

Die Familie der Edelfreien von Steinach waren damals Lehnsleute der Grafen von Lauffen, die ihre Burg auf dem Dilsberg ebenfalls als Wormser Lehen erbauten und zwar etwa zur gleichen Zeit, in der auch die ersten Neckarsteinacher Burgen entstanden, nämlich im 12. Jahrhundert. Zum bischöflich-wormsischen Eigentum gehörte auch das Gebiet, auf dem der Pfalzgraf Konrad I. 1196 die Burg Heidelberg gründete. Dieser Konrad war der Halbbruder des mächtigen Kaisers Barbarossa und diese enge Beziehung zum Herrscherhaus legte den Grundstein für die Erstarkung der „Pfalz am Rhein", deren Mittelpunkt Heidelberg werden sollte. Hinzu kam der Umstand, daß 1214 die Pfalzgrafenwürde an die bayrischen Wittelsbacher verliehen und damit eine Entwicklung am unteren Neckar in Gang gesetzt wurde, in deren Verlauf der pfälzische Machtbereich immer mehr ausgedehnt und der Wormser Einfluß immer mehr zurückgedrängt wurde.

Pfälzische Ausdehnung

Schon 1208 bezeichnet Pfalzgraf Heinrich der Ältere die Schönauer Mönche als „seiner Herrschaft unterworfen", sein Sohn feiert 1211 seine Hochzeit in Schönau. Und als 1219 der letzte Graf Boppo von Lauffen ohne männliche Erben stirbt und Kaiser Friedrich II. alle Grafschaftsrechte und Wormser Reichslehen zurückfordert, werden Dilsberg und Neckargemünd zunächst dem Wormser Besitz entzogen und 1330 zusammen mit Eberbach, Mosbach und dem Meckesheimer Zent pfälzisch.

Enklave Neckarsteinach

Es ergibt sich jetzt die erstaunliche Tatsache, daß die inmitten dieses pfälzischen Territoriums liegenden Ämter Neckarsteinach und Hirschhorn über die gesamten 600 Jahre des Bestehens der Pfalz hinweg praktisch niemals pfälzisch wurden. Die vier Neckarsteinacher Burgen waren vielmehr über Jahrhunderte hinweg mit unterschiedlichen Anteilen an die Bistümer Worms, Speyer und Mainz verpfändet oder verkauft. Offensichtlich haben es diese drei Bistümer niemals zugelassen, daß der mächtige pfälzische Nachbar irgendwelche Besitzansprüche an Neckarsteinach und Hirschhorn stellen konnte. Und auch die Landschaden trugen durch kluge Politik dazu bei, allen Machtansprüchen der sie umgebenden Pfalz entgegenzuwirken. In ihrer Urkunde zur Stadterhebung von Steinach vom 28. September 1377 erklären sie ausdrücklich ihre *„feste Steinach, burg und stat für Kurfürst Ruprecht von der Pfalz zu offen husern"*, d. h. die Stadt wurde ihm für den Kriegsfall offen zur Verfügung gestellt und würde den durchziehenden pfälzischen Truppen keinen Widerstand entgegensetzen.

Vielleicht liegt aber auch ein Grund in den hochgeschätzten Diensten, die die Neckarsteinacher Landschaden – die ab 1296 auftretenden Nachfolger der Edelfreien von Steinach – am pfälzischen Hofe verrichteten. Als Stellvertreter, Ratgeber, Hofmeister, Testamentsvollstrecker und sogar Geldgeber der Kurfürsten erscheinen sie in früheren Urkunden, und da diese hohen Stellungen genügend Geld und Ansehen einbrachten, gelang es der Familie dann ab 1474 unter Bligger XIV. nach und nach wieder die vier Burgen in ihren Besitz zu bringen. Der Wohlstand dieses Landschaden kommt auch darin zum Ausdruck, daß er die heute noch zu den wertvollsten Denkmälern der Stadt zählende spätgotische Kirche 1481–1483 erbauen ließ. Ab 1550 gehörten dann alle vier Burgen wieder den Neckarsteinacher Landschaden.

Nach dem Aussterben der Landschaden

Als 1653 der letzte Landschad Friedrich III. ohne männliche Erben stirbt (seine beiden Söhne fielen der verheerenden Pestepidemie von 1635 zum Opfer), verkauft die Landschadenerbin Eva-Elisabeth 1657 die Burg Schadeck an den ihr entfernt verwandten Freiherrn Wolf Heinrich von Metternich, ein Adelsgeschlecht vom Niederrhein, das vorher auch schon die den Bistümern Worms, Speyer und Mainz zustehenden Teile der übrigen Burgen, die alle noch in einem guten Zustand gewesen sein sollen, erworben hatte. Doch knapp 100 Jahre später stirbt auch diese Linie der Metternichs aus und nach einem kurzen vergeblichen Versuch des pfälzischen Kurfürsten, diesen Umstand für eine Inbesitznahme Neckarsteinachs auszunutzen, gehen die vier Burgen noch einmal für knapp 50 Jahre in den Besitz der Bistümer Worms, Speyer und Mainz über.

Die gotischen Fenster des Palasgebäudes in der Hinterburg, davor der mehr als 23 m tiefe, geheimnisvolle Brunnen, von dem der Sage nach ein unterirdischer Gang zum Dilsberg führen soll

Neckarsteinach wird hessisch

Dann aber kommt Napoleon und verändert gründlich die bisher bestehenden Herrschafts- und Besitzverhältnisse. Im Frieden von Lunéville 1801 mußten die linksrheinischen Gebiete des Reichs an Frankreich abgetreten werden. Die einst so bedeutende Kurpfalz wurde sang- und klanglos aufgelöst. Ihre *linksrheinischen* Territorien fielen zunächst ganz an Frankreich, später an Bayern, und 1946 entstand hier das heutige Bundesland Rheinland-Pfalz. Ihre *rechtsrheinischen* Gebiete kamen zum neu geschaffenen Großherzogtum Baden, und wenn Neckarsteinach und Hirschhorn pfälzisch gewesen wären, gäbe es heute kein hessisches, sondern nur ein badisches Neckartal.

Aber auch die geistlichen Fürstentümer und Lehen wurden aufgelöst bzw. säkularisiert. Mit ihnen entschädigte man die weltlichen Fürsten für den Verlust ihrer linksrheinischen Gebiete. In unserer Region bestimmte der Reichsdeputationshauptschluß, daß alle rechtsrheinischen, bisher den Bistümern Worms und Mainz gehörenden Besitztümer der Landgrafschaft (später Großherzogtum) Hessen-Darmstadt zugesprochen und die dem Bistum Speyer verfügten Besitzungen dem Großherzogtum Baden zugeteilt wurden.

Für Neckarsteinach ergab sich dadurch eine besonders vertrackte Situation, denn da hier sowohl Worms/Mainz als auch Speyer Besitztümer hatten – die Hinterburg gehörte zu diesem Zeitpunkt Speyer, die Mittelburg und Burg Schadeck waren Lehen von Worms und Mainz, und den Besitz der Vorderburg teilten sich Worms und Speyer – erhoben nun beide Herzogtümer Ansprüche auf die Vierburgenstadt. Der hessische Leutnant Lyncker marschierte als erster mit einer Truppe am 6. Oktober 1802 in das kleine Neckarstädtchen ein und schlug das hessische Landeswappen am Rathaus an. 14 Tage später folgten 16 badische Soldaten und nagelten unbeeindruckt ihr badisches Wappen neben das hessische. Die doppelte Besetzung der Stadt ging aber offenbar ohne größere Auseinandersetzungen ab und dauerte auch nur einen Winter. Am 14. März 1803 verzichtete der badische Vertreter auf seine Anteile an Neckarsteinach und Darsberg (und übrigens auch auf Wimpfen) und erhielt dafür die ursprünglich wormsischen Orte Aglasterhausen, Eschelbach und Bargen sowie die „Hühner- und Käsezinsen“ aus Brombach. Ganz besonderer Wert wurde auch auf eine hessische Garantie für die Holzabfuhr aus den badischen Waldungen im Steinachtal durch Neckarsteinacher Gemarkung sowie auf das freie Flößen von Brennholz auf der Steinach gelegt.

Der Festtag

Am 3. Juni 1803 konnte dann endlich die Übergabe an Hessen feierlich gefeiert werden. Eine eigens für diesen Zweck von den hessischen Offizieren ausgebildete und in schmucke Uniformen gekleidete Bürgerkompanie schritt den vielen Honorationen voraus, die mit Musik und Trommelwirbel vorbei an vielen Schaulustigen ins Rathaus zogen, um dort die Übergabe mit „viel schönen Reden“ zu vollziehen. Zum ersten Mal hinter der Fahne mit dem hessischen Löwen marschierte der Festzug dann in die Kirche, die damals noch beiden Konfessionen diente und feierte zusammen mit den Reformierten und den im Ort ansässigen Juden den wohl ersten Ökumenischen Gottesdienst in der Stadt, begleitet von Böllerschüssen vom Schloßberg und dem Geläut der Kirchenglokken. Musik und Tanz beendeten den denkwürdigen Tag in Neckarsteinach, der eine durchweg positive Entwicklung des Städtchens einleitete.

Die Stadt hatte – wie aus einem Bericht des hessischen Kommissars Stockhausen hervorgeht – zu diesem Zeitpunkt ca. 200 Familien mit 1082 Seelen. Zum Amt Neckarsteinach gehörten aber auch noch die Dörfer Darsberg, Grein und Langenthal. Die Bevölkerung lebte zum großen Teil vom Holzhandel und der Schiffahrt, aber auch von der Gerberei, Fischerei und dem Abbau der wertvollen Buntsandsteinbrüche in der Umgebung. Besonders erwähnt wird auch der Schiffsbau, mit dem u.a. die noch heute existierende Schiffswerft Ebert und Söhne gemeint war, die seit 1738 in Neckarsteinach im Familienbesitz nachweisbar ist.

Zu den Reformmaßnahmen, die die neue Landesregierung schon bald einführte, gehörten u. a. neben der Abschaffung bisher bestehender Privilegien eine gleichförmige Besteuerung, die Einschränkung der Frondienste und 1811 die Aufhebung der Leibeigenschaft.

Neckarsteinach und Hirschhorn bildeten zunächst einen eigenen Landratsbezirk; während der Revolution 1848 gehörte das hessische Neckartal zu Erbach, kam 1852 zu Lindenfels, 1865 zu Heppenheim und wurde 1938 mit dem Kreis Bensheim zum Kreis Bergstraße zusammengefaßt.

Blick auf das Ensemble der beiden Kirchen in der Altstadt. In der Mitte das barocke katholische Pfarrhaus, im Vordergrund die alte Hirtwegschule

Die spätgotische evangelische Kirche

In einem äußeren Strebepfeiler an der Südseite der Kirche (rechts nach der Treppe von der Kirchenstraße) ist in einem Quaderstein die Bauinschrift zu lesen:

„A(n)no MCCCC so sich das i(ahr) 83 anfat izt hat Blycker La(n)tsch(a)d Hoffmeister dies(e)n buwe vollbracht“.

Gleich daneben liegt der Stifter und Bauherr, Landschad Bligger XIV. von Steinach, zusammen mit seiner Ehefrau Mia von Helmstadt an der Kirchenmauer begraben. Das dazugehörige Grabmal, das das Stifterpaar in grauem Sandstein gemeißelt und mit dem Harfenwappen zeigt, stand mehr als 400 Jahre

lang ebenfalls außen in einer Chornische und wurde 1906 bei der Restaurierung der Kirche, schon stark beschädigt, in das innere Kirchenschiff verlegt.

Bligger XIV., Hofmeister der Kurfürsten Friedrich und Philipp I. von der Pfalz, Burggraf von Alzey und Verfasser der ersten Landschadenchronik, baute die Kirche im spätgotischen Stil über die Fundamente einer früheren, viel kleineren, romanischen Kirche, die 1142 im Zusammenhang mit der Gründung des Zisterzienserklosters in Schönau erstmals erwähnt wird, aber wahrscheinlich schon aus dem 9. oder 10. Jahrhundert stammte. Sowohl die alte romanische als auch die neue spätgotische Kirche waren der Hl. Cäcilia geweiht und gehörten zum Archidiakonat St. Peter in Wimpfen, das wiederum der Diözese Worms unterstand. Bis heute sind aus der Bauzeit von 1481–1483 der Chor, der Turm und ein großer Teil des Kirchenschiffes fast unverändert erhalten. Die Kirche steht an der höchsten Stelle der Altstadt und war früher einmal vom Friedhof umgeben. Die Stärke der sie umfassenden Kirchhofsmauern läßt darauf schließen, daß es sich ursprünglich um eine Wehrkirche gehandelt hat, die zusammen mit der Vorderburg eine geschlossene Verteidigungsanlage bildete. Hier konnten die Bürger in Notzeiten Zuflucht finden.

Reformationszeit

Nur 40 Jahre lang diente die Kirche dem katholischen Glauben, denn schon der Sohn des Bauherrn, Landschad Hans III., führte 1522, nur fünf Jahre nach dem Anschlag der 95 Lutherthesen an der Schloßkirche von Wittenberg, als einer der ersten Adeligen der Gegend in Neckarsteinach die Reformation ein. Hans III., einer der bedeutendsten Persönlichkeiten des damaligen kurpfälzischen Adels, hatte sich als Hofrat und Marschall im Dienste des pfälzischen Kurfürsten Ludwig hohes Ansehen erworben. Er lernte Luther beim Streitgespräch auf dem Augustinerkonvent in Heidelberg 1518 kennen und war von ihm stark beeindruckt. Trotz der Androhungen von Strafen durch Papst, Kaiser und Kurfürst ließ er sich nicht beirren, verfaßte Flugschriften für die Reformation und schrieb eigenhändig ein Bekenntnis *„wie und aus was für Ursachen er vom katholischen zum lutherischen Glauben übergetreten sei“*. 1525 berief er den als Ketzer verschrieenen und aus dem Breisgau vertriebenen lutherischen Pfarrer Jakob Otter nach Neckarsteinach. Diesem *„gelang es, ohne allen Zwang, die ganze Gemeinde für den neuen Glauben zu gewinnen“*. Die Messe wurde abgeschafft, die Kirchenornate und andere Wertgegenstände zugunsten eines Armenkastens verkauft.

Das Aussterben der Landschaden

Die folgenden hundert Jahre scheinen in der Vierburgenstadt verhältnismäßig ruhig verlaufen zu sein, bis mit der Besetzung durch den bayrischen Feldherrn Tilly im 30jährigen Krieg Not und Elend in das Neckarstädtchen einzogen. Hinzu kam die schreckliche Seuche der Pest, die allein im Jahre 1635 271 Menschen (darunter allerdings auch Soldaten) hinwegraffte. Bedeutsam für die Kirchengeschichte wurden diese Ereignisse insofern, als auch die kleinen Söhne des letzten Landschaden von Steinach, Friedrich III., der Krankheit zum Opfer fielen und 1653 mit dem Tode dieses Ritters das Geschlecht der Landschaden in Neckarsteinach ausstarb.

Amt und Burgen fielen als Lehen an einen entfernten Verwandten des Rittergeschlechts, an den katholischen Wolf Heinrich von Metternich. Dieser hielt sich zwar an das der Bürgerschaft Neckarsteinachs gegebene Versprechen, sie bei ihrem lutherischen Glauben zu belassen, begünstigte aber den Zuzug von katholischen Bürgern und machte 1662, also 140 Jahre nach Einführung der Reformation, die Kirche zum Simultaneum.

Simultaneum

Der erste katholische Gottesdienst in der Simultankirche fand 1662 am zweiten Sonntag nach Pfingsten statt, und auch heute noch wird in Neckarsteinach an diesem Tag das Kirchweihfest gefeiert. Als sich dann nach 1685 eine größere Zahl von hugenottischen Flüchtlingen aus Frankreich in Neckarsteinach niederließ, diente das Gotteshaus sogar drei verschiedenen Konfessionen. Dabei blieben natürlich Streitigkeiten und Reibereien zwischen den Anhängern der unterschiedlichen Gemeinden nicht aus. Sie dauerten viele Jahrzehnte und beschäftigten u. a. den Reichshofrat in Wien, das Corpus Evangelicorum in Regensburg und noch 1770 das Reichskammergericht in Wetzlar.

1777 war die Zahl der Gläubigen in der Stadt so angewachsen, daß die Kirche vergrößert werden mußte. Das Kirchenschiff wurde nach Westen hin verlängert und der Dachstuhl gründlich erneuert. Dabei versetzte man das alte gotische Eingangsportal in den neuen Giebel, wo sich auch heute noch der direkte Zugang zur Empore befindet. Als neuer Eingang zum Kirchenraum wurde ein Barockportal geschaffen. Der Umbau kostete 2000 Gulden und da sich die Hugenotten nicht an den Kosten beteiligten, hatte man nun einen Grund, ihnen die weitere Benutzung des Gotteshauses zu verwehren. Sie mußten sich damit begnügen, zunächst in einem Privathaus, später dann im Rathaus ihre Gottesdienste abhalten zu dürfen. Erst 1823, beim Zusammenschluß der Lutheraner und Reformierten in Hessen-Darmstadt zur Evangelischen Union war der konfessionelle Frieden wiederhergestellt.

Das Aussterben des Hauses Metternich 1753, die Wiederübernahme Neckarsteinachs als Lehen der Bistümer Mainz, Speyer und Worms, die Übergabe an Hessen und die Säkularisierung 1803 änderten nichts am Zustand der Kirche als Simultaneum für Lutheraner und Katholiken. Es dauerte fast 250 Jahre bis zum Neubau der katholischen Kirche 1908 in unmittelbarer Nachbarschaft. Beim Umzug wurde auch die barocke Ausstattung der Simultankirche, die die Katholischen im Laufe der Zeit angeschafft hatten, mit in die neue Kirche übernommen, darunter die zwei ehemaligen Seitenaltäre, geweiht der Muttergottes (1771) und dem Hl. Josef (1779), eine große Strahlenmonstranz und ein Holzbildwerk des Hl. Nepomuk.

Wertvolle, geschichtsträchtige Innenausstattung

Die evangelische Kirche wirkt heute sehr schlicht, fast karg. Neben der Kanzel, eine gute Arbeit des Frühbarocks von 1682 und einziges Überbleibsel der Metternichschen Zeit, fallen vor allem die Grabmäler an der Südseite des

Das älteste Grabmal in der Kirche ist älter als das Gotteshaus selbst und zeigt Landschad Ulrich V., der 1369 starb

Schiffes ins Auge. Außer dem bereits erwähnten unbemalten Grabmal für das Stifterpaar stammen die anderen drei alle aus der zweiten Hälfte des 14. Jahrhunderts, sind also älter als die Kirche und standen wahrscheinlich schon in der früheren romanischen Kirche. Man nimmt an, daß ungefähr zur Zeit der Erhebung Neckarsteinachs zur Stadt 1377 damit begonnen wurde, die Ritter nicht mehr im Kloster Schönau, sondern in oder an der romanischen Kirche in Neckarsteinach zu begraben.

Das älteste Grabmal zeigt den Landschaden Ulrich V. (gest. 1369) und ist eines der frühesten figürlichen Grabmäler am nördlichen Oberrhein. Es stellt die kraftvolle, große Gestalt eines Ritters in voller Rüstung dar, dessen Haupt auf einem von Engeln gehaltenen Kissen ruht. Zu seinen Füßen sieht man das Harfenwappen (bis heute das Stadtwappen von Neckarsteinach) und ein bärtiges, gekröntes Männerhaupt, König David darstellend. Diese „Beigaben“ und die relativ seltene Weihe der Kirche an die Hl. Cäcilia (Schutzpatronin der Musik) deuten auf eine bewußte Reverenz der Landschaden an ihren berühmten Ahnherrn, den Minnesänger Bligger II. hin, der von 1152–1210 lebte, Kaiser Heinrich VI. nach Italien begleitete und in der Manessischen Liederhandschrift (Universität Heidelberg) mit der Harfe verewigt ist.

Das zweite Grabmal zeigt einen der Stadtgründer, Hennel Landschad (gest. 1377) und seine Gemahlin Mia von Sickingen, und auf dem dritten steht „Heinrich genannt Bligger XI., gest. 1396“. Alle drei Grabplatten zeigen, was andernorts fast nicht mehr zu erkennen ist, die zwar restaurierte aber originalgetreue Farbgebung.

Von den ungewöhnlich zahlreichen Gedenktafeln (Epitaphien) vorwiegend aus dem 16. Jahrhundert, die in der Kirche zu sehen sind, soll hier nur auf die größte und bedeutendste gegenüber dem Eingang hingewiesen werden. Der gereimte Text wurde von Landschad Hans Ulrich I. (gest. 1619) zu Ehren seiner Großeltern Landschad Hans III., dem Reformator, und dessen zweiter Gemahlin Margarethe von Fleckenstein verfaßt und schildert das Leben des „Edlen Ritters Hochgeacht“.

Beachtenswert sind auch die drei vorhandenen Glocken, von denen die mittlere mit 71 cm Höhe aus dem 13. oder 14. Jahrhundert, also wahrscheinlich noch aus der romanischen Kirche stammt. Sie ist heute die Totenglocke. Die kleinste (69 cm) wurde 1498 gegossen und die größte mit 82 cm Höhe ist aus dem Jahre 1556.

Im Gegensatz zur Schlichtheit des Kirchenschiffes steht der in reicher Farbigkeit und bemerkenswerter Architektonik erscheinende Chorraum. Durch den beim Umbau 1778 erweiterten Triumphbogen fällt der Blick auf moderne bunte Glasfenster, ein Geschenk des Landes Hessen an die evangelische Gemeinde von Neckarsteinach 1958. Sie sind als Wiedergutmachung gedacht und der Ersatz für vier wertvolle Fragmente von größeren Glasgemälden, 1483 eigens für diese Kirche geschaffen. 450 Jahre lang schmückten sie den Altarraum und wurden dann 1936 aufgrund einer finanziellen Notlage der evangelischen Gemeinde an das Hessische Landesmuseum in Darmstadt verkauft, wo sie sich auch heute noch befinden.

Das 500. Jubiläum der evangelischen Kirche

500 Jahre war die spätgotische evangelische Kirche im Jahre 1983 alt, und aus diesem Anlaß fand vom 28. Mai bis zum 5. Juni 1983 eine Festwoche statt, die sich durch tägliche bemerkenswerte Veranstaltungen auszeichnete. Sie reichte vom Festgottesdienst über Kirchenkonzerte, kunsthistorische und theologische Vorträge sowie Ausstellungen bis hin zum großen Kirchenstraßenfest mit großer Beteiligung der Bevölkerung. Zwei der interessantesten Vorträge sollen hier festgehalten werden.

Kirche, Reform und Reformation in Neckarsteinach

„Da sitze ich und hab' ein armen, lamen Körper, den mög' er mir wider Ehre, Gott, Recht und Gewalt zwingen, mich töten, Leib und Gut nehmen. Aber mein Herz, Gemüt und Willen kann er mir nit nehmen.“ Das sind Worte des bereits 60jährigen, gichtgeplagten Landschaden Hans III., als er zusammen mit seinen Söhnen vor das Hofgericht des kurpfälzischen Dienstherren Kurfürst Ludwig V. zitiert wird, um seinen lutherischen Pfarrer Otter zu entlassen. In seinem Referat ließ Dr. G. A. Benrath, Professor für Kirchengeschichte an der Universität Mainz, vor den Zuhörern in der 500 Jahre alten evangelischen Kirche ein Bild der damaligen Zeit entstehen, in der der Beginn der Reformation nicht nur in Neckarsteinach zu tiefgreifenden Veränderungen im Leben der Menschen führte. Besonders ausführlich ging er auf Hans Landschad ein, der als Sohn des Erbauers der Kirche, Bliggers XIV., kompromißlos für die Gedanken Luthers eintrat und 1522 in Neckarsteinach die Reformation einführte.

Seinen Vortrag begrenzte Benrath auf die Zeit zwischen 1483, der Einweihung der Kirche, und 1531, dem Tod des Neckarsteinacher Reformators Hans III.; auf die Reformation bezogen könne man diese Daten auch mit dem Geburtsjahr Luthers und dem Todestag Zwinglis gleichsetzen. Überraschend für die meisten Zuhörer stellte Benrath die These auf, daß bereits der Vater des Reformators Hans III., Landschad Bligger XIV., ein eifriger Kirchenpatron war und dem Gedanken der Reformbedürftigkeit der Katholischen Kirche nahegestanden haben muß. Dafür spreche die Tatsache, daß Bligger 1493 mit Jodokus Gallus einen Pfarrer nach Neckarsteinach holte, der zum Kreis der oberrheinischen Reformfreunde gehörte und in mehreren lateinischen Reden, so auch am Pfingstfest 1493 in der Heiliggeistkirche in Heidelberg, durch scharfe Kritik an Theologie und Lehrstand hervorgetreten war. Alle Urkunden sprechen dafür, daß es Landschad Bligger gelang, diesen Mann für 17 Jahre als Pfarrer nach Neckarsteinach zu holen. Für das reformatorische Gedankengut des Gallus, der 1510 Domprediger in Speyer wurde, spricht auch die Veröffentlichung einer gedruckten kleinen Schrift von alphabetisch geordneten Gebetswünschen mit dem Titel „Evangelisch ABC“.

Von diesem Pfarrer muß auch der Sohn des Kirchenerbauers, der 1499 starb, Hans III., beeinflußt worden und um so empfänglicher für die Thesen Luthers gewesen sein, als dieser 1518 vor dem Augustiner Konvent in Heidelberg in Vergessenheit geratene und von ihm wiederentdeckte Wahrheiten der christlichen Religion verkündete, die Benrath mit dem Satz zusammenfaßte, daß

Christentum nicht Gesetzesreligion, sondern Erlösungs- oder Gnadenreligion sei, in der Glaube und Liebe die maßgebenden Kernpunkte seien.

Landschad Hans III. war ein wegen seiner geistigen Interessen und *„manlichen Tapferkeit"* hochgeachteter Mann. Luthers Schrift von 1520 „An den christlichen Adel deutscher Nation von des christlich Standes Besserung" beeindruckte ihn so sehr, daß er sich angesichts des bevorstehenden Reichstages von Worms in einem Brief an den sächsischen Kurfürsten Friedrich d. Weisen für eine Reformation der Kirche im Sinne Luthers einsetzte. Die Verurteilung Luthers im Wormser Edikt 1521 und das Verbot der evangelischen Predigt durch den anfangs durchaus reformgeneigten Kurfürsten enttäuschten den Landschaden tief. Der 55jährige ließ sich auch durch massive Strafandrohungen nicht daran hindern, mit zwei veröffentlichten Flugschriften für die *„einfache und klare Wahrheit des Evangeliums"* einzutreten. Er berief sogar den vom Bruder des Kaisers Karl V., Erzherzog Ferdinand von Österreich, als Ketzer aus Kenzingen im Breisgau vertriebenen Pfarrer Jakob Otter zunächst als Prediger 1525 nach Neckarsteinach.

Die von Otter in den Jahren 1526 und 1527 in Neckarsteinach gehaltenen Predigten waren für die Gemeinde damals etwas ganz Neues.

Mit der Einsetzung Jakob Otters als erstem evangelischen Pfarrer in Neckarsteinach wurde am 2. Oktober 1527 eine „Neuordnung der äußeren Grundlage des Kirchenwesens" der Stadt vorgenommen und gleichzeitig eine von Hans Landschad verfaßte Reformationsurkunde in Kraft gesetzt, von Hans III., Jakob Otter und Vertretern der Gemeinde Neckarsteinachs mit drei Siegeln besiegelt. Diesen Tag kann man als den offiziellen Vollzug der Reformation in Neckarsteinach bezeichnen.

Von außen waren aber sowohl Otter als auch Hans Landschad weiterhin massiven Verfolgungen ausgesetzt, die schließlich dazu führten, daß Otter 1529, wahrscheinlich mit Polizeigewalt, Neckarsteinach verlassen mußte. Unerschrokken berief Hans Landschad den zweiten evangelischen Pfarrer, den ebenfalls schon wegen seines lutherischen Glaubens mit Gefängnis bestraften Melchior Ambach aus Bingen, nach Neckarsteinach, bevor er kurz nach dessen Amtsantritt im November 1531 starb.

Als Fazit des Ganges durch die Kirchengeschichte des ersten halben Jahrhunderts nach dem Bau der Kirche hielt Benrath fest: Ohne die tiefgehende Reformbedürftigkeit im Leben der Kirche wäre die Reformation nicht nötig gewesen, ohne die lebendige, fragende und suchende Frömmigkeit und den Reformwillen verantwortlicher Kleriker und Laien wäre die Reformation nicht möglich gewesen.

Neue kunsthistorische Erkenntnisse über die 500 Jahre alte Kirche in Neckarsteinach

Sozusagen als Geburtstagsgeschenk zum 500jährigen Jubiläum der evangelischen spätgotischen Kirche in Neckarsteinach brachte Frau Dr. Anneliese Seelinger-Zeiss, Kunsthistorikerin an der Heidelberger Akademie der Wissenschaften, neue kunsthistorische Erkenntnisse auch über die Herkunft der herrlichen, spätgotischen Scheibenfragmente mit, deren Originale sich zwar seit ca. 50 Jahren im hessischen Landesmuseum in Darmstadt befinden, die aber eigens für diese Kirche geschaffen wurden. Mit gespanntem Interesse verfolgte das Publikum in der vollbesetzen Kirche den engagierten und ausgezeichnet fundierten Lichtbildervortrag der Wissenschaftlerin, die sich der Neckarsteinacher Kirche mit besonderer Liebe angenommen hat und auch die Autorin des zum Jubiläum neu herausgebrachten Kirchenführers ist.

In ihrem Vortrag beschränkte sich Dr. Seeliger-Zeiss bewußt auf die Zeugnisse aus spätgotischer Zeit, d. h. vor allem auf den Bauherrn, den Baukörper und die oben erwähnten spätgotischen Fensterfragmente. Sie schilderte den Bauherrn Landschad Bligger XIV. als einen der bedeutendsten und einflußreichsten Adeligen in der Kurpfalz, der am Pfälzischen Hof erzogen wurde und den Kurfürsten Friedrich I. („Der Jäger aus Kurpfalz") und Philipp I. als Hofmeister und Marschall diente. Wie sehr ihm der Kurfürst zugetan war, zeigt unter anderem die Tatsache, daß Friedrich zur Hochzeit Bliggers mit Mia von Helmstatt in Neckarsteinach weilte und er den Ritter auch als Testamentsvollstrecker und Vormund seiner Söhne einsetzte. Als Lohn für seine Verdienste wurde er auch zum Burggrafen von Alzey gemacht, wo er sich mehrfach in kriegerischen Auseinandersetzungen für den Kurfürsten schlug. Wahrscheinlich unter dem Einfluß seines zweiten Dienstherren, Kurfürst Philipp der Aufrichtige, der einen Kreis von Gelehrten, wie z. B. Melanchthon um sich versammelte, verfaßte er eine Landschaden-Familienchronik, die zunächst als verschollen galt und erst 1971 von F. Langendörfer im Staatsarchiv von Ludwigsburg entdeckt wurde.

Der Neubau der Kirche auf den Fundamenten einer viel kleineren Dorfkirche fällt in die Jahre des Höhepunktes von Bliggers Karriere, womit er sich wahrscheinlich ein seiner Bedeutung angemessenes Denkmal setzen wollte und einen für die damalige Zeit durchaus üblichen Akt des Glaubens vollzog. Gleichzeitig betätigte er sich dabei als „vorbildlicher Denkmalspfleger", indem er nämlich die aus der früheren Kirche vorhandenen Grabmäler aus dem 14. Jahrhundert in die neue Kirche übernahm. Dieser Tatsache verdankt Neckarsteinach die Besonderheit, wie kaum eine andere Gemeinde so viele großartige Kunstdenkmäler aus so früher Zeit zu besitzen. Ausdrücklich wies Dr. Seeliger-Zeiss auch auf die ungewöhnlich reizvollen Rankenmalereien von 1483 im Chorgewölbe hin.

Neben dem hervorragend gewählten Standort auf der höchsten Stelle der Kirchenstraße erhält die Kirche, deren Architekt unbekannt ist, ihre besondere Prägung durch die Art ihres Turmeinbaus. Es handelt sich hier um eine Chorturmkirche. Auf mehreren Dias zeigte Frau Dr. Seeliger-Zeiss zum Vergleich verschiedene Möglichkeiten der Turmgestaltung. Als Besonderheit bei der Neckarsteinacher Kirche erhebt sich der Turm über dem Chor, ohne daß dieses von innen erkennbar wird. Nur im Grundriß läßt sich die Stellung des Turmes an der Verstärkung von vier Strebepfeilern innerhalb des Chorpolygons erahnen.

Bei der Suche nach vergleichbaren Kirchentypen stieß die Referentin auf die ganz ähnlichen Stadtkirchen von Mettingen und vor allem von Sachsenheim bei Vaihingen, woher auch die Mutter des Bauherrn stammt und wo ein Onkel Bliggers XIV. als Dichter wirkte. Weitere Verbindungspunkte sind das in

Neckarsteinach vorhandene Taufbecken aus Sachsenheim und die sicher nicht zufällige Tatsache, daß sowohl die Kirche in Sachsenheim als auch die Kapelle des Neckarsteinacher Ortsteils Darsberg den Heiligen Fabian und Sebastian geweiht wurden.

Die künstlerisch wertvollsten Teile der Kirchenausstattung sind aber ohne Zweifel die vier Scheibenfragmente, deren originalgetreue Kopien seit 1979 im ersten Langhausfenster eingefügt sind. Die an das Darmstädter Landesmuseum 1936 verkauften Originale von 1483 sind Bestandteile eines großen Zyklus von Glasgemälden, deren Hauptthema „Stifterbilder in ewiger Anbetung vor Heiligen" war. Wahrscheinlich hatte sich in den ursprünglichen Glasfenstern die ganze Sippe der Landschaden und befreundete Ritterfamilien verewigt. Die Scheibenfragmente sind wegen ihrer künstlerischen Qualität – sie gehören zu den schönsten spätgotischen Glasmalereien in Deutschland überhaupt – in den letzten Jahren Gegenstand intensiver kunsthistorischer Forschung gewesen. Dabei wurde erst kürzlich erkannt – und in dem neuen Band über Glasmalereien des Mittelalters von Rüdiger Becksmann erstmals veröffentlicht – daß es sich hier um Werke der in Heidelberg ansässigen Werkstatt des Hans Konberger, genannt Gleser (Glaser) handelt. Anhand von Dias zeigte Frau Dr. Seeliger-Zeiss die frappierende Ähnlichkeit der Neckarsteinacher Scheiben zu Glasfenstern in den Kirchen von Langenburg (Hohenlohe-Kreis), für die Hans Konberger 1499 (urkundlich nachweisbar) hohe Geldsummen erhalten hat. Der Meister ist bis 1536 urkundlich erwähnt und arbeitete unter anderem auch für den Herzog Ulrich von Württemberg.

Wertvolle Glasmalerei-Scheiben in der spätgotischen evangelischen Kirche

Mit einem Festgottesdienst feierte Weihnachten 1979 die evangelische Kirchengemeinde die „Wiederkehr" der kulturhistorisch wertvollen Glasmalerei-Scheiben in die spätgotische Kirche. Es sind allerdings nur Kopien, die auf Anregung des damaligen Pfarrers Hamilton in das vordere Fenster des rechten Langschiffes eingelassen wurden, denn die Originale befinden sich seit 1936 im Landesmuseum in Darmstadt. In seiner Festrede schilderte damals der engagierte Heimatforscher und Altbürgermeister Heinrich Feurer (verstorben 1983) die Geschichte dieser glasmalerischen Kleinodien.

Die heute noch vorhandenen vier Scheiben sind Reste einer größeren Glasmalerei, die von Bligger XIV., Landschad zu Steinach, 1483 eigens zur Vollendung der von ihm 1481–83 erbauten spätgotischen Kirche in Neckarsteinach gestiftet und angefertigt wurde. Über den Umfang und den Verlust der übrigen Glasscheiben gibt es keine Hinweise. Auch der Name des entwerfenden Künstlers ist unbekannt, doch vermutete man lange Zeit dahinter den gleichen Meister, der unter dem Buchstaben WB die Sebastianslegende geschaffen hat, die sich in Form von acht Tafeln im bischöflichen Palais von Mainz befindet. Andere Fachleute schrieben die Neckarsteinacher Glasmalereien aber auch dem Kreis der Hausbuchmeister zu, einem Künstlerkreis aus dem Raum Heidelberg/Speyer/Worms, dessen Mitglieder gelegentlich auch am pfälzischen Hof in Heidelberg

Die Kopien der Neckarsteinacher Glasmalerei-Scheiben zeigen oben links „St. Georg im Kampf mit dem Drachen“, oben rechts „Kurfürst Philipp den Aufrichtigen“, unten links „Ritter Otto von Hirschhorn und seine Gemahlin“ und unten rechts „Maria mit dem Kinde“.

arbeiteten, zu einer Zeit, da Bligger XIV. Oberhofmeister des Pfalzgrafen war. Neuere kunsthistorische Forschungen haben Anfang der 80er Jahre ergeben, daß die Scheiben höchstwahrscheinlich aus der Heidelberger Werkstatt des Hans Konberger, genannt Gleser (Glaser) stammen.

Einig ist man sich in der Meinung, daß die vier durchschnittlich 95 cm langen und 57 cm breiten Glasfenster zu den besten deutschen spätgotischen Arbeiten der Glasmalerei gehören. Die schönste, mit der Jahreszahl 1483 datierte Scheibe zeigt den Patron der deutschen Ritterschaft „St. Georg im Kampf mit dem Drachen" und weist im Hinblick auf die Geschichte der Glasmalerei-Technik sogar eine Besonderheit auf: Zum ersten Mal ist die Verwendung einer dritten Malfarbe, das „Eisenrot" voll datiert; bis dahin konnte man nur zwei Farben in eine Glasscheibe einbrennen, das „schwarzrot" seit ungefähr 800 Jahren und das „silbergelb" seit dem 14. Jahrhundert.

Der auf einer anderen Scheibe abgebildete „Kurfürst Philipp der Aufrichtige" lebte von 1476–1508 und war der pfälzische Dienstherr des Steinacher Stifters. Die Darstellung des „Ritters Otto von Hirschhorn mit seiner Gemahlin Margarethe von Handschuhsheim" auf der dritten Scheibe liegt wohl darin begründet, daß das Ehepaar damals mit der Hälfte der Mittelburg belehnt war. Im unteren Teil dieser Scheibe ist das Wappen der Hirschhorner, eine rote Hirschstange auf goldenem Schild, zu sehen. Ein ähnliches Teilstück mit dem Harfenwappen der Neckarsteinacher Ritter befand sich unter der vierten Scheibe, die „Maria mit dem Kinde" zeigt. Auf einem Foto von 1930, auf dem sich die Scheiben im Mittelfenster des Altarraums befinden, fehlt bereits diese untere Hälfte, obwohl sie noch 1928 von Karl Krauß beschrieben wurde.

1934 wurde das Hessische Landesmuseum anläßlich einer Besichtigung auf die historischen Glasmalereien aufmerksam. Infolge ihres schlechten Zustandes brachte man sie nach 450jährigem Aufenthalt in der evangelischen Kirche ins Darmstädter Landesmuseum, um sie von Professor Lindemann (Frankfurt) restaurieren zu lassen.

Zu dieser Zeit befand sich die evangelische Kirchengemeinde in Zusammenhang mit dem Bau der Kinderschule (1929) in großer finanzieller Bedrängnis. Um einen Zwangsverkauf der Schule zu vermeiden, verkaufte der Kirchenvorstand 1936 mit Genehmigung der kirchlichen und staatlichen Behörden die vier Glasmalereischeiben für 10 000 Reichsmark an das Landesmuseum. In der Öffentlichkeit entfachte dieser „schmerzliche Verlust an historischer Substanz" einen Sturm der Entrüstung, waren doch die Fenster ausdrücklich für Neckarsteinach geschaffen worden. Aber alle Bemühungen, den Kaufvertrag wieder rückgängig zu machen, blieben vor und nach dem Zweiten Weltkrieg erfolglos. Rückblickend kann man Betrachtungen darüber anstellen, wie die wertvollen Fenster die Kriegswirren in Neckarsteinach überstanden hätten, vor allem wenn man bedenkt, daß bei der Sprengung der großen Steinachbrücke fast alle Scheiben der evangelischen Kirche zu Bruch gingen.

Auch nach dem Kriege blieben die Verträge juristisch unanfechtbar, jedoch stiftete die hessische Landesregierung 1958 als Entschädigung drei Fenster in moderner Glasmalerei, die von Hans-Joachim Burgert (Berlin) entworfen und gestaltet wurden. Sie schmücken jetzt den Altarraum der evangelischen Kirche und bilden einen reizvollen Gegensatz zu den historischen Kopien, die von der

Firma R. Münch in Großumstadt so kunstvoll geschaffen wurden, daß nur Fachleute sie von den Originalen unterscheiden können. Sie geben wieder Zeugnis von der traditionsreichen Geschichte der kleinen Neckarstadt.

Finanziert wurden die Nachbildungen durch die großartige Spendenbereitschaft der evangelischen Kirchengemeinde und von Altbürgermeister H. Feurer.

Die alten Grabsteine an der Kirchenmauer

Über 200 Jahre lang waren sie Wind und Wetter ausgesetzt und drohten völlig zu verfallen: sechs alte Grabsteine und sechs Grabkreuze, die seit der Schließung des Friedhofs vor über 100 Jahren an den Außenmauern der mehr als 500 Jahre alten spätgotischen Kirche in Neckarsteinach anlehnen. Es sind große Grabdenkmäler aus rotem und gelbem Sandstein, die wahrscheinlich wohlhabenden Bürgern der Vierburgenstadt gesetzt wurden. Die Schrift ist bei einigen kaum noch leserlich, aber man erkennt Familienwappen, z. B. das Schabeisen, das den in Neckarsteinach zahlreich vertretenen Rotgerbern als Handwerkszeug diente, oder die Brezel für einen Bäckermeister.

Zwischen 200 und 300 Jahren sind einige Denkmäler alt, und ein schöner Biedermeierstein stammt aus dem Jahre 1834. Das älteste Stück ist allerdings kein Grabstein, sondern eine eckige Säule aus dem Jahre 1532, deren Funktion bisher noch nicht geklärt werden konnte. Deutlich zu erkennen sind aber das Harfenwappen der Neckarsteinacher Ritter und der Handschuh im Wappen der Handschuhsheimer auf zwei Seiten der Säule, ein eindeutiges Zeichen für die Verbundenheit der beiden Geschlechter; den Handschuhsheimern gehörte zu jener Zeit ca. ein Viertel der Mittelburg und die ganze Hinterburg.

Eine großzügige Spende der Neckarsteinacher Volksbank aus Anlaß ihres 100jährigen Jubiläums im Jahre 1990, die sich durch gemeindeeigene Spenden und Bazareinnahmen fast verdoppelt hat, erlaubt es nun der evangelischen Kirchengemeinde, die Restaurierung der wertvollen Denkmäler in Angriff zu nehmen und sie durch Konservierung vor weiteren Witterungseinflüssen zu schützen.

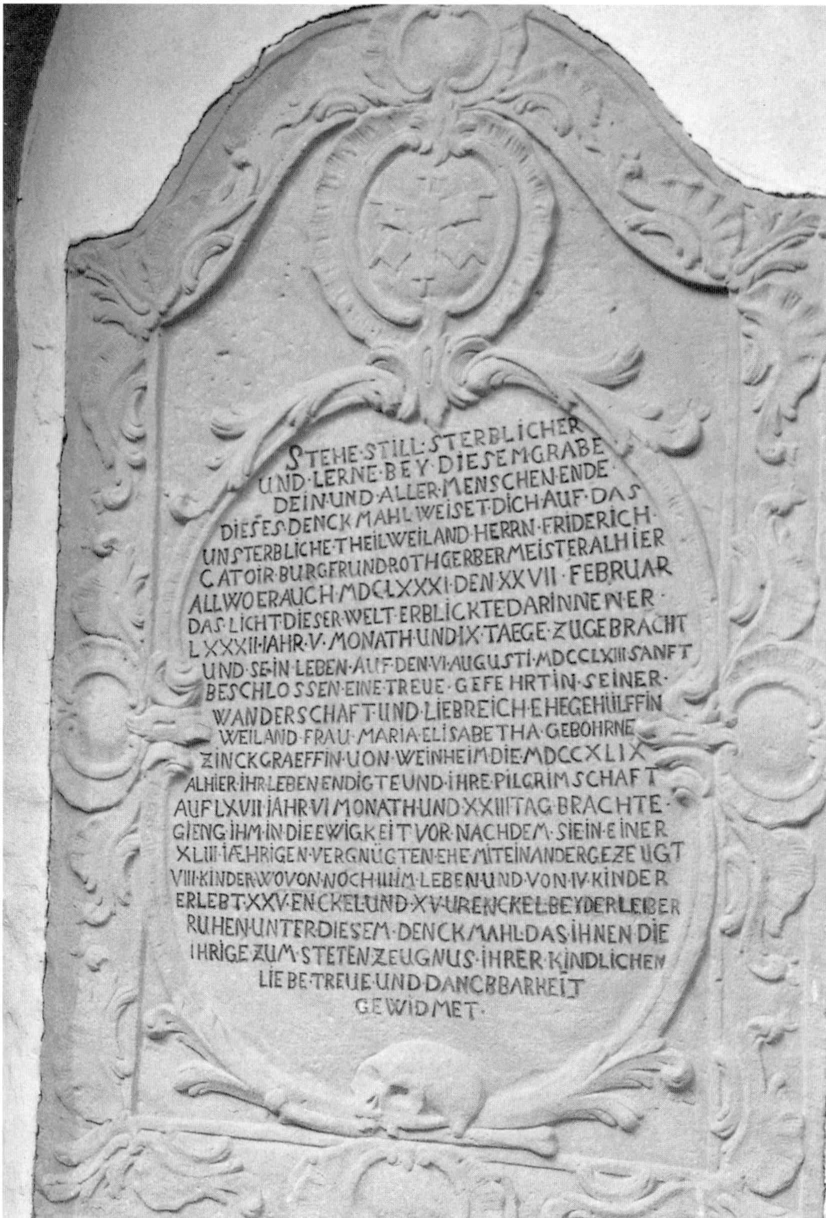

Restaurierter Grabstein des „Burger und Rothgerber" Friderich Catoir, der 1681 in Neckarsteinach geboren wurde. Der Name Catoir spricht dafür, daß seine Eltern zu den ersten Hugenotten-Flüchtlingen aus Frankreich gehörten, die in dem überwiegend evangelischen Neckarsteinach eine neue Heimat fanden und das Gerberhandwerk verstärkten. Das Handwerkszeug und Wahrzeichen der Gerber, das Schabeisen, ist oben im Grabstein deutlich zu erkennen.

Eine „Streitschrift“ aus dem Hause Metternich

Wenn heute ökumenische Gottesdienste immer selbstverständlicher werden, so ist kaum noch vorstellbar, wie verbissen sich früher Katholiken und Lutheraner gegenseitig bekämpft haben. Auch in Neckarsteinach gibt es Zeugnisse für die Jahrhunderte anhaltende Feindschaft zwischen den beiden Konfessionen, und ein besonders eindrucksvoller Beweis dafür ist eine „Streitschrift“ aus dem Jahre 1751, die 1987 aus dem Nachlaß der Familie Metternich der Stadt Neckarsteinach angeboten und für 250 DM erworben wurde.

Die seit 1524 der evangelischen Religion angehörenden Bürger von Neckarsteinach konnten sich nur schwer damit abfinden, daß nach dem Aussterben der Landschaden 1653 die Stadt an das katholische Geschlecht der Metternichs fiel. Die neue Herrschaft verzichtete zwar darauf, ihre Untertanen zu ihrer Religion zu zwingen, begünstigte aber den Zuzug katholischer Bürger und führte 1662 die Simultanbenutzung der einzigen Kirche für beide Religionen ein. Aus dieser Regelung erwuchs langsam ein regelrechter Kleinkrieg zwischen den Katholiken und den Evangelischen, den man anhand vieler erhaltener Akten und Chroniken nachlesen kann.

Als alle Beschwerden über ungerechte Behandlung nichts mehr nutzten, entschlossen sich 1751 die evangelisch-lutherischen Bürger von Neckarsteinach, Darsberg und Grein, bei der damals – nach dem Kaiser – höchsten Instanz, dem aus den Kurfürsten, Fürsten und Ständen zusammengesetzten Reichstag in Regensburg, ihre Sorgen und Nöte schriftlich darzulegen. *„Untertänigst“*, wortreich und durchsetzt mit vielen lateinischen Begriffen beschweren sich die unterzeichnenden Bürger in dieser „Streitschrift“ auf über 50 Seiten über ihre katholische Herrschaft, den *„Domkapitular zu Mainz und Speyer, Lothar Ferdinand von Metternich“* und weisen darauf hin, daß ihre doch im Augsburger Religionsfrieden zugesicherte Religionsfreiheit durch *„unvermutete Neuerungen, Vergewaltigungen und Attentate“* immer mehr eingeschränkt werde.

Vor allem die Simultanbenutzung der Kirche sei eine Quelle ständigen Ärgernisses. Der marmorne Altar sei ihnen weggenommen worden, und ausdrücklich bitten die Verfasser um die Entfernung der *„vielen katholischen Fahnen und Himmel“* im Gotteshaus, denn diese würden dem *„Pfarrer die Sicht nehmen“* und den Schulmeister daran hindern, *„dem Mutwillen der Jugend Einhalt zu gebieten“*. Auch über finanzielle Einbußen beschweren sich die Evangelischen, denn die *„bisherigen Pfründe“* müßten nun mit den Katholischen geteilt werden. Nachdrücklich wird deshalb darauf hingewiesen, daß der evangelische Pfarrer schließlich ein *„besonders starkes Pferd mit hohen Kosten“* benötige, um die *„weit entfernten Filialen“* – Darsberg und Grein – besuchen zu können.

Die hohen Fürsten in Regensburg haben sich tatsächlich der Sache angenommen, und in der Streitschrift kann man nachlesen, daß sie in einem eigenen Schreiben die Neckarsteinacher Beschwerde direkt dem damaligen Kaiser, Franz I. von Lothringen, dem Gemahl Maria Theresias, vortrugen. Genutzt aber hat das alles nichts. Die Streitigkeiten zwischen den katholischen und evangelischen Neckarsteinachern zogen sich noch viele, viele Jahre hin, und das Simultaneum wurde erst 1908 beim Bau einer eigenen katholischen Kirche im neubarocken Stil beendet.

Die katholische Pfarrkirche

Verglichen mit der über 500 Jahre alten spätgotischen evangelischen Kirche ist die katholische Pfarrkirche von Neckarsteinach ein ganz junges Gebäude. Das im neubarocken Stil erbaute und dem Hl. Herzen Jesu geweihte Gotteshaus wurde erst 1908 fertiggestellt. Aber hinter diesem für eine Kirche noch jungem Alter steht eine lange, wechselvolle und auch schmerzliche Geschichte der katholischen Kirchengemeinde.

Ihre Anfänge gehen in die ersten christlichen Jahrhunderte zurück, als die hiesige Gegend dem Bistum Worms zugesprochen wurde. Urkunden weisen darauf hin, daß im Jahre 1142, als die Bischöfe von Worms das Zisterzienserkloster in Schönau gründeten, in Neckarsteinach bereits eine kleine Pfarrkirche bestand. Diese romanische Kirche wurde 1483 auf dem gleichen Standort durch die heutige, damals der Hl. Cäcilia geweihte, spätgotische Kirche ersetzt. Erbauer war Bligger XIV. aus dem Neckarsteinacher Rittergeschlecht der Landschaden. Nur 40 Jahre lang diente das neue Gotteshaus dem katholischen Glauben, dann führte der Sohn des Erbauers, Landschad Hans III., 1527 in Neckarsteinach die Reformation ein. Mit der Familie des Landschads trat

Blick vom Kirchhof der evangelischen Kirche auf die Vorderfront der neubarocken katholischen Pfarrkirche

offensichtlich auch der größte Teil der Neckarsteinacher Bevölkerung zum lutherischen Glauben über. Nur ein auf der Hinterburg wohnender Verwandter des Ritters verschloß sich der neuen Lehre und bildete den Kern einer sehr kleinen, später wieder wachsenden Gemeinde, der allerdings 140 Jahre lang kein Gotteshaus zur Verfügung stand.

Das änderte sich erst, als nach dem Aussterben der Landschaden 1653 das Neckarsteinacher Lehen an den katholischen Wolf Heinrich von Metternich fiel. Dieser respektierte die bestehende lutherische Kirchenordnung, ließ aber für seine Familie und die wenigen Katholiken im Ort in der Kapelle seiner Mittelburg wieder katholische Gottesdienste feiern. Als dann 1662 der evangelische Pfarrer starb, berief er neben dem neuen evangelischen Pfarrer auch einen katholischen Geistlichen und machte aus der spätgotischen Kirche ein Simultaneum. Am 2. Sonntag nach Pfingsten fand nach 140 Jahren wieder ein katholischer Gottesdienst in der Kirche statt, ein Datum, das als Neugründung der katholischen Kirchengemeinde gilt und an dem bis heute in Neckarsteinach Kirchweih gefeiert wird.

Nahezu 250 Jahre lang nutzten nun beide Kirchengemeinden das gemeinsame Gotteshaus, jahrzehntelang kam auch noch eine Gruppe von reformierten französischen Flüchtlingen hinzu. Oft genug und bis weit ins 18. Jahrhundert hinein führte dieser Zustand von drei Konfessionen unter einem Dach zu bösen Streitigkeiten, die jahrelang die höchsten Gerichte beschäftigten. Als Neckarsteinach 1803 hessisch wurde, gab es 178 lutherische, 79 katholische, 17 reformierte und 9 jüdische Familien.

Das Anwachsen der katholischen Gemeinde ließ gegen Ende des 19. Jahrhunderts bei den Kirchenleitungen den Gedanken reifen, das Simultaneum zu lösen. Äußerer Anlaß war die Feststellung, daß die inzwischen über 400 Jahre alte Kirche einer dringenden Renovierung bedurfte. Unter dem katholischen Pfarrer Columbara begannen mit Beginn des 20. Jahrhunderts die Vorbereitungen für den Bau einer katholischen Pfarrkirche. Als Standort einigte man sich auf das Gelände neben dem bereits seit 1719 bestehenden katholischen Pfarrhaus, gleich gegenüber der evangelischen Kirche. Die Grundstücke wurden erworben und einige kleinere Gebäude und ein Teil der schadhaften Stadtmauer abgerissen. Jedoch war man auch damals bemüht, den historischen Charakter der Kirchenstraße zu erhalten, weshalb die gesamte Planung und Bauausführung der Kirche in enger Zusammenarbeit mit dem hessischen Landesdenkmalpfleger geschah.

Gebaut wurde nach den Plänen des Darmstädter Architekten Prof. Friedrich Pützer, der wegen der Angleichung an das barocke Pfarrhaus einen neubarokken Stil für die Kirche vorgeschlagen hatte. Groß war die Spendenfreudigkeit der Neckarsteinacher Katholiken: 1906 hatte der engagierte Pfarrer Columbara, der Neckarsteinach allerdings dann verließ, bereits 34 000 Mark gesammelt. Unter dem neuen Pfarrer Dr. Stock erfolgte der erste Spatenstich am 2. August 1907 und wenige Wochen später die Grundsteinlegung mit der lateinischen Urkunde: „Gelobt, gebenedeit soll sein zu jeder Zeit das Heilige Herz Jesu in alle Ewigkeit". Bei der festlichen Einweihung der Kirche am 8. November 1908 an der sich auch die evangelische Gemeinde beteiligte, erklangen auch schon 3 Glocken aus dem provisorischen Turmstumpf.

Der heutige Kirchturm (Architekt Alois Feuerstein) wurde nämlich erst 1962/63 aufgesetzt. Der gesamte Kirchenbau einschließlich der Inneneinrichtung kostete damals 89 600 Mark, während nur für den Kirchturm 1963 schon 97 200 DM gezahlt werden mußten.

Durch großzügige Stiftungen gelang es, für das saalartige, neubarocke Gotteshaus eine echtbarocke Ausstattung zu finden. Der exakt passende und kurz vor der Einweihung eintreffende Hochaltar ist ein bedeutsames Werk der Mainzer Barockkunst und wurde um 1750 wahrscheinlich von einem Mainzer Schreiner für die katholische Kirche in Mainz-Gonsenheim geschaffen. Dort war er 1908 nach einem Umbau überflüssig geworden und sollte eigentlich für das Landesmuseum in Darmstadt erworben werden. Nur den unermüdlichen Anstrengungen des Neckarsteinacher Pfarrers Dr. Stock ist es zu verdanken, daß dann doch der Erwerb durch die katholische Gemeinde Neckarsteinach genehmigt wurde. Die beiden zierlichen Seitenaltäre, der Muttergottes und dem Hl. Josef geweiht,

Die Chorseite der katholischen Kirche, rechts das echtbarocke Pfarrhaus von 1719

sind Stiftungen des Freiherrn von Metternich aus dem Jahre 1711 und standen seit 200 Jahren in der gegenüberliegenden Simultankirche. An der Stelle der heutigen Mittelfigur im Hauptaltar, dem Hl. Stephanus, gab es mehrfach andere Statuen, so z. B. zum Höhepunkt der Herz-Jesu-Verehrung gleich nach der Einweihung eine Christusfigur mit dem Herzen Jesu und einer Weltkugel, wovon auch noch ein Bild existiert. Die barocke Kanzel kommt aus Mannheim-Neckarau, und der Taufstein stammt aus dem 16./17. Jahrhundert.

Die erste Orgel wurde 1913, die zweite für 80 000 DM 1974 eingebaut. Für die in den Weltkriegen geschmolzenen ersten Glocken ermöglichten einheimische Stifter 1963 gleichwertigen Ersatz. Stifter waren die Familie Alexander von Warsberg, die Gebrüder Feuerstein und Pfarrer Knapp. Das Geld für die größte Glocke kam durch allgemeine Spenden zusammen. Der neuen Liturgie entsprechend erhielt der Altarraum 1973 einen vom Neckarsteinacher Steinmetz Klaus Rolke entworfenen und angefertigten Altartisch, der sich gut in das Gesamtbild einfügt. Mehrere umfassende Renovierungen in den letzten Jahrzehnten, bei denen der einheimische Künstler und Kirchenfenstermaler Valentin Feuerstein bei der Farbgebung mit Rat und Tat zur Seite stand, ließen die kleine Kirche innen und außen zu einem Schmuckstück werden, das das historische Bild der Kirchenstraße erheblich bereichert.

Jahrhundertealte Schiffahrt

Aus einer Urkunde Kaiser Ludwigs des Frommen aus dem Jahre 830 geht hervor, daß bereits im 7. Jahrhundert auf dem Neckar Handelsschiffahrt betrieben wurde. Im Jahre 1217 erwirbt das Kloster Schönau die Heidelberger Neckarfähre (zwischen der Ziegelgasse und dem gegenüberliegenden Ufer) und gleichzeitig erhält es vom Heidelberger Kurfürsten die Hälfte des Ertrages am Heidelberger Marktschiff, mit dem fremde Waren und Personen, aber auch klostereigene Güter transportiert wurden. Spätestens hier kann das Vorhandensein eines Neckarsteinacher Hafens vermutet werden, denn die klösterlichen Waren mußten ja hier ausgeladen werden. (Im übrigen benutzten die Mönche aber überwiegend den Weg übers Münchel nach Ziegelhausen.) Höchstwahrscheinlich bestand das Steinacher Fischer- und Schifferhandwerk aber viel früher, so daß der Neckarsteinacher Schifferverein mit Recht auf ein über 800jähriges Bestehen zurückblicken kann, das 1953 symbolisch mit der Aufstellung des hohen Schiffermastes am Neckar unterhalb der Hinterburg gefeiert wurde.

Ein Steinacher Neckarzoll, der jahrhundertelang eine wichtige Rolle spielte und der auf dem sogenannten „Zollbuckel" (heute Privatgelände) an der Lauerspitze gleich neben der Mündung der Steinach in den Neckar gelegen haben muß, wird zum erstenmal 1225 erwähnt; als nämlich auf Vorschlag der Steinacher Ritter, die den Schönauer Mönchen sehr ergeben waren, der Wormser Bischof das Kloster vom Steinacher Wasserzoll befreit. Und auch der Heidelberger Pfalzgraf Otto erweist 1245 den Zisterziensern seine Reverenz mit der Befreiung von allen Abgaben auf den pfälzischen Strecken des Neckars und des Rheins für die Klosterschiffahrt, die im wesentlichen aus dem Transport von Wein und anderen Gütern zwischen den weitzerstreuten Einzelhöfen einer immer größer werdenden Klosterwirtschaft bestand.

Mit Humplern und Nachen wurde damals der Neckar befahren und mit riesigen Holzflößen die holzarme Rheinebene mit dem Holzreichtum des Odenwaldes versorgt. Bereits 1342 regelte ein Vertrag der Markgrafen von Baden und Württemberg die Zollfreiheit für Flöße auf dem Neckar, und für Neckarsteinach gab es erste Flößerordnungen 1474 und 1518. Die Zollrechte in Neckarsteinach waren Bestandteile des Wormser Lehens und an die Besitzrechte von

Der 1953 errichtete Schiffermast, im Hintergrund die Burg „Schwalbennest“

Hinter- und Mittelburg gebunden. Wie an anderer Stelle beschrieben, gehörten die vielmals verpfändeten Burgen erst ab 1550 wieder alle den Neckarsteinacher Landschaden, und besonders die Söhne von Landschad Hans III. bemühten sich verstärkt um die Wiedererlangung des heimischen Zollrechts, denn Floßgeld und Zoll gehörten zu den wichtigsten Einnahmen der Burgherren.
Von besonderer Bedeutung ist deshalb die Floßordnung vom Heidelberger Kurfürsten Otto Heinrich aus dem Jahre 1557, in der nur den Bürgern von Neckargemünd, Neckarsteinach, Hirschhorn, Eberbach und Neckargerach der Rheinholzhandel bestätigt wird. In diesen Orten lagen die Mündungen der wichtigsten Odenwälder Floßbäche.

Unterschiedliche Herrschaftsverhältnisse

Von diesen so bevorzugten Städten gehörten allerdings nur Neckargemünd, Eberbach und Neckargerach zum Herrschaftsgebiet des pfälzischen Kurfürsten, Hirschhorn war ein von Kurmainz an die Herren von Hirschhorn vergebenes Lehen, während Neckarsteinach als ein gemeinsam von Worms und Speyer verliehenes Lehen den Landschaden von Steinach unterstand. Aus diesen unterschiedlichen Herrschaftsverhältnissen entlang der Wasserstraße entwickelten sich über die nächsten Jahrhunderte hinweg immer wiederkehrende Streitereien. Der Heidelberger Kurfürst verlangte nämlich das „Dominium Niceris", also den Herrschaftsanspruch über den ganzen Neckar bis Heilbronn für sich und bestimmte, daß, wer sich seinen Anordnungen nicht fügen wollte, auch den Neckar nicht gebrauchen dürfe. Als nichtpfälzische Untertanen dachten die Neckarsteinacher und Hirschhorner Schiffer aber gar nicht daran, sich dieser Verfügung zu unterwerfen, und sie weigerten sich auch später, die Zunftordnung der überregionalen Heidelberger Neckar-Bruderschaft anzuerkennen, wonach jeder, der sich des Neckars bediente, sich auch an den Lasten der Instandhaltung der Wasserstraße und der angrenzenden Leinpfade beteiligen mußte. Die Pfälzer rächten sich, indem sie versuchten, die Neckarsteinacher vom Rheinhandel zu verdrängen, oder auch in Neckarsteinach nicht anhielten, um den Wasserzoll zu bezahlen.
In vielen Urkunden sind diese gegenseitigen Beschwerden dokumentiert, bis es 1723 – als das Rittergeschlecht der Landschaden schon ausgestorben und die Burgen im Besitz der Freiherren von Metternich waren – zum für das Neckarsteinacher Schiffergewerbe günstigen „Fischer-Vergleich" zwischen der Kurpfälzischen Bruderschaft und den Metternichschen Untertanen kam. In diesem Vergleich wurden die Neckarsteinacher Nachenführer durch die einmalige Zahlung von 300 Gulden von allen Neckarbaukosten befreit und erhielten außerdem das Recht, „ungehindert" auf dem Neckar und auf dem Rhein „bis Worms, Speyer und Philippsburg Holz, Kohlen, Baumaterialien, Wein, Heu, Stroh, Hafer, Früchte, Personen und Gepäck" von und nach Neckarsteinach zu transportieren. Allerdings war es ihnen verboten, Frachtgeschäfte für andere Orte zu übernehmen. Diese Frachtschiffahrt war den Besitzern größerer Schiffe und Humpler, die vor allem in Heidelberg saßen, vorbehalten.
Der Vergleich von 1723 sicherte den Neckarsteinacher Schiffern, die in einer eigenen Zunft zusammengeschlossen waren, eine Ausnahmestellung gegenüber der überregionalen Neckar-Bruderschaft zu, die sonst alle Rechte und Pflichten

der Neckarbenutzer regelte, und er schuf offensichtlich nur neuen Ärger: *„Die Neckarsteinacher Schiffer, ursprünglich sieben an der Zahl, vermehrten sich rasch, unterboten und verstümmelten überall die Frachten in allen Häfen und überließen es den Übrigen, die schwere Neckarbaukostenlast zu tragen“.* (H. Heiman: „Die Neckarschiffer“, 1907). Kein Wunder also, daß die Kurpfälzer auf alle nur mögliche Weise versuchten, diesen unbefriedigenden Vergleich rückgängig zu machen.
Dies gelang erst nach den großen politischen Veränderungen von 1803, als Heidelberg, Neckargemünd und Neckarhäuserhof badisch, Eberbach, Neckargerach und Haßmersheim leiningisch und Neckarsteinach und Hirschhorn hessisch wurden. 1808 schaffte es der badische Hofrat Gaum, zwischen Baden und Hessen einen Vergleich herbeizuführen, wonach alle 11 hessischen Schiffer, die größere Fahrzeuge als zweibördige Nachen führten, sich der Heidelberger Bruderschaft unterstellen mußten. Dieser Vertrag beendete aber keineswegs die ständigen Eifersüchteleien zwischen Baden und Hessen, die sich jetzt besonders auch auf die Frage bezogen, welchen Schiffern das freie Befahren des Rheins und damit der ungehinderte Transport von Kolonialgütern – z. B. Waren der Frankfurter Messe – erlaubt werden sollte. Und wiederum profitierte die Vierburgenstadt von ihrer exponierten Randlage: 1827 erteilte Hessen dem Neckarsteinacher Kleinschiffer Bock als erstem das Patent zur Rheinschiffahrt.

Aufblühen der Neckarschiffahrt im 19. Jahrhundert

Die 1831 entstandene wichtige Rheinschiffahrtsakte und die 1832 nachfolgende Neckarschiffahrtsordnung gestatteten dann aber die freie Fahrt auf Rhein und Neckar für alle Schiffsleute und brachten außerdem auch erhebliche Erleichterungen in der Handhabung der Wasserzölle, was insgesamt zu einem deutlichen Aufschwung der Schiffahrt überhaupt führte.
Die Unterhaltung der sich am Neckar hinziehenden Leinpfade und die Offenhaltung der Wasserstraße lag bisher in der Verantwortung der Neckarbruderschaft bzw. der örtlichen Zünfte. Diese waren aber nicht in der Lage, den Ausbau des Schiffahrtsweges dem jetzt ständig anwachsenden Verkehr anzupassen, so daß sich im 19. Jahrhundert die Leinpfade in einem sehr verwahrlosten Zustand befanden und der Neckar wegen vieler Hindernisse und geringer Fahrtiefe oft nur während einer zu geringen Zeit im Jahr befahren werden konnte. In den 30er Jahren wurden deshalb die Bestimmungen so geändert, daß jetzt der Staat für die in sein Gebiet fallende Flußstrecke zu sorgen hatte. In Heidelberg z. B. sprengte man damals die die Schiffahrt stark behindernden Felsen beim Hackteufel und Haarlaß.
Alle diese Maßnahmen – die gleichzeitig den Untergang der einst mächtigen Neckarbruderschaft und allmählich auch der örtlichen Zünfte bedeutete – trugen erheblich zum Aufschwung der Neckarschiffahrt bei, die sich bald auch zu einem blühenden Handel mit Holland weiterentwickelte. Aus der Neckarsteinacher Schifferzunft entstand der noch heute existierende Schifferverein.
Das steigende Schiffsaufkommen läßt sich gut an zwei nur 15 Jahre auseinanderliegenden Statistiken ablesen: Demnach gab es um 1830 auf dem Neckar ca. 226 Schiffer mit 248 Schiffen und einer Ladefähigkeit von 100 bis 2600 Zentnern. Um 1845 werden im Neckartal zwischen Cannstadt und Mannheim schon 335

Schiffsmeister mit ca. 798 Fahrzeugen gezählt. Davon waren in Haßmersheim 150, in Eberbach 130 und in Neckarsteinach 120 Schiffe stationiert. Auch Schiffsbau gab es damals außer in Mannheim im unteren Neckartal noch in Eberbach, Neckargemünd und in Neckarsteinach, wo die seit 1738 im Familienbesitz nachweisbare Schiffswerft Ebert heute noch als einzige Werft in Hessen übriggeblieben ist.

Aus den Statistiken geht ebenfalls hervor, daß die hessischen Schiffe durchweg kleiner waren als die badischen, was damit zu erklären ist, daß sich fast alle Neckarsteinacher Schiffer aufgrund ihrer günstigen Lage zu den schönen Sandsteinbrüchen des Neckartals auf den Steintransport spezialisiert hatten. Diese Steine fanden für die Häuserbauten in Mannheim, Worms und Mainz, aber besonders auch bei der Tullaschen Oberrhein-Regulierung zur Befestigung des Flußbettes reißenden Absatz und sicherten den Neckarsteinacher Steinschiffern über viele Jahrzehnte ein gutes Auskommen.

Treidelschiffahrt

Wurden früher die noch verhältnismäßig kleinen Nachen mit Muskelkraft flußaufwärts gezogen, so setzte man mit dem Anwachsen der Frachten und Schiffsgrößen seit Beginn des 19. Jahrhunderts Pferde für diese schwere Schlepparbeit ein, die mit lautem „Hollaho" von sogenannten Schiffs- oder Halfreitern auf den Treidel- oder Leinpfaden nicht gerade zimperlich angetrieben wurden. Diese Schiffsreiterei war ein eigenes, vor allem in Neckarhausen bei Mannheim beheimatetes Gewerbe. Für den hessischen Streckenabschnitt des Neckars lag der Rittbetrieb in der Zuständigkeit der Einwohner von Neckarhäuserhof, von denen wiederum die Familie Krieger auf eine besonders lange Tradition der Schiffsreiterei auf den Treidelpfaden zurückblicken konnte. Ein von Pferden gezogener Schleppzug bestand gewöhnlich aus einem Hauptschiff mit Mast, einem Enkernachen und einem Rudernachen mit einer Gesamtladung von 3000–4000 Zentnern je nach Wasserstand, die gezogen wurden von 6–10 Pferden mit 3–4 Reitern. Meistens fuhren 2 bis 3 Schiffszüge hintereinander, um sich bei gefährlichen Stellen gegenseitig auszuhelfen. Für die Strecke von Mannheim bis Heilbronn brauchte ein solcher Transport 5 bis 8 Tage, verbunden mit Kosten für Zölle sowie Übernachtungen und Verpflegung der Reiter. Man kann sich denken, daß mit Beginn des Eisenbahn-Zeitalters ein solcher Betrieb zunehmend unrentabler wurde, zumal auf dem Rhein bereits seit 1840 auch für den Frachtverkehr die Dampfschiffahrt zur Verfügung stand.

Die auf dem Neckar ab 1841 unter dem Jubel der Bevölkerung eingesetzten drei Raddampfer galten überwiegend der Personenbeförderung und konnten sich nur bis 1869 halten.

Einführung der Kettenschiffahrt

Die Konkurrenz der schnelleren Eisenbahn, die ständig steigenden Rittlöhne, die erst 1871 völlig beseitigten Wasserzölle und die nach wie vor bestehende Abhängigkeit der Schiffahrt von Wasserstand, Eisgang oder Hochwasser schränkten in der zweiten Hälfte des 19. Jahrhunderts den Ertrag der traditionellen Frachtschiffer oder Partikuliere (Schiffseigner mit einem oder höchstens

Das Hotel „Schiff" zeigt auf seiner Flußseite eine Abbildung der Treidelschiffahrt; im Hintergrund die Vorderburg

zwei Schiffen) dermaßen ein, daß die Einstellung der gesamten Neckarschiffahrt befürchtet werden mußte. In dieser Not reifte die Planung für die Einführung einer Kettenschleppschiffahrt, wie sie bereits seit 1869 auf der Oberelbe bestand. Mit Unterstützung der badischen, württembergischen und hessischen Regierung gelang es, eine Aktiengesellschaft für die Kettenschiffahrt auf dem Neckar zu gründen. Von März bis Mai 1878 dauerte die Verlegung der 113 km langen Kette auf dem Grund des Flusses, das erste Kettenschleppschiff wurde gebaut, und am 23. Mai 1878 fand von Wimpfen aus die festliche Eröffnungsfahrt statt.

Mehr als 50 Jahre lang sorgte nun diese technische Neuerung dafür, daß die Partikulier-Schiffahrt einen neuen Aufschwung nahm. Der wichtigste Grund lag dabei in der Verkürzung der Fahrtdauer von Mannheim nach Heilbronn, für die nun statt der bisher 5–8 Tage mit Pferden nur noch 2–3 Tage (je nach Wasserstand) benötigt wurden. Damit konnte man auch der Eisenbahn Konkurrenz bieten. Der Wegfall der Rittlöhne verbilligte außerdem die Frachtkosten. Die Kettenschleppschiffahrt bewährte sich auch dann noch, als allmählich die traditionellen Holzschiffe durch Eisenschiffe ausgetauscht wurden. Um 1900 gab es am Neckar 284 Holz- und 122 Eisenschiffe. Die wichtigsten Transportgüter zu Berg waren Kohlen, Getreide, Eisen- und Kolonialwaren sowie ausländische Hölzer und zu Tal Koch- und Steinsalz, Gips, Zement, Soda, Häute und Steine.

Kanalisierung des Neckars

Nicht verhindern aber konnte die Kette die Verdienstausfälle durch den immer wieder auftretenden Niedrig-Wasserstand des Neckars, der die Schiffe zum völligen Stillstand zwang oder nur geringe Ladelasten erlaubte. Zudem mußten die Güter in Mannheim von den größeren Rheinschiffen auf die kleineren (weniger Tiefgang) Neckarschiffe umgeladen werden. Deshalb wuchs, trotz auch damals schon warnender Stimmen gegen die Zerstörung der natürlichen Neckarlandschaft, die Zahl der Befürworter für eine Kanalisierung des Neckars, und 1925 begann die zu diesem Zweck gegründete Neckar-AG, an der sich das Deutsche Reich, Baden, Hessen, Württemberg sowie Großbanken, Industrieunternehmen und Elektrizitätswerke beteiligten, mit dem Bau der ersten Staustufe und Schleusenkammen in Wieblingen. 1929–1931 entstand die Staustufe in Neckarsteinach, und 1935 beendete die Staustufe in Gundelsheim den Ausbau des Neckars als moderner Großschiffahrtsweg.

Wieder kommt es zu einem starken Aufschwung des Schiffahrtsgewerbes am Neckar, denn die Schiffe können jetzt statt bisher 200 bis 300 Tonnen Frachten bis zu 1500 Tonnen transportieren. Im Jahre 1939 verzeichnet der Neckarsteinacher Schifferverein einen Bestand von 55 Mitgliedern mit 28 Schleppschiffen, 8 Motorgüterschiffen, 2 Schleppbooten und 7 Fahrgastschiffen.

Der Zweite Weltkrieg unterbricht aber die stürmische Entwicklung, viele Schiffe werden in den letzten Kriegsmonaten zerstört oder versenkt, und es dauert bis 1950, bis ungefähr der gleiche Schiffsbestand wie vor dem Krieg wieder hergestellt ist. Dabei soll nicht unerwähnt bleiben, daß der damalige Vorsitzende des Neckarsteinacher Schiffervereins, Friedrich Krieger II als beauftragter Leiter der Schiffshebeaktion in den schweren Nachkriegsjahren 88 versenkte Fahrzeuge in Neckar und Rhein wieder fahrtüchtig machte und die heimische Schiffswerft Ebert und Söhne großes Engagement bei der Reparatur der Schiffsschäden bewies.

Dann aber setzte auch bei den Neckarsteinacher Schiffern das deutsche Wirtschaftswunder ein, was sich am besten an der Umstrukturierung und Modernisierung der Schiffstypen ablesen läßt. 1955 gab es nämlich in der Vierburgenstadt nur noch 8 Schleppschiffe, dafür aber schon 55 Motorgüterschiffe, deren Zahl bis 1969 noch auf 75 anstieg; hinzu kamen noch 10 weiße Fahrgastschiffe. Zu diesem Zeitpunkt galt Neckarsteinach als eine der größten Binnenschifffahrtsgemeinden in der BRD.

Rückgang der Partikulierschiffahrt und Situation heute

Die 70er Jahre aber bringen eine tiefe wirtschaftliche Krise. Die abgeschlossene Motorisierung der Schleppkahnflotte und die Modernisierung der Lade- und Löscheinrichtungen in den Häfen ermöglichen eine schnellere Beförderung der Güter. Das führt bei nahezu unverändertem Frachtaufkommen zu einem Überangebot an Schiffsraum und einem harten Preiskampf mit ausländischen Schiffseignern, die mit teilweise ruinösen Preisermäßigungen Aufträge an sich ziehen. Besonders die Holländer und Belgier, in deren Ländern die Binnenschiffahrt eine viel stärkere staatliche Förderung erhält als in der Bundesrepublik, werden im grenzüberschreitenden Frachtverkehr zu so harten Konkurrenten, daß viele Partikuliere keine Existenzmöglichkeiten mehr für sich sehen. 1975 wird in Neckarsteinach sogar eine Notgemeinschaft der Partikuliere gegründet, die aber nur ein Jahr besteht. Zur Stabilisierung der Lage wird bundesweit eine von der EG geförderte, aber von der übrigen Schiffahrt selbst finanzierte Abwrackaktion eingeführt, d. h. die freiwillige Abschaffung unrentablen Schiffsraums wird mit hohen Prämienzahlungen belohnt. Diese Maßnahme erleichtert zwar vielen Partikulieren den Abschied vom Beruf – besonders wenn Altersgründe oder familiärer Nachwuchsmangel hinzukommen –, sie begünstigt aber auch zusammen mit dem nur innerhalb Deutschlands geltenden Festfrachtensystem die Bildung mittelständischer und großer Reedereien, während in Holland die Entwicklung genau umgekehrt verläuft und es dort heute nur noch wenige Reedereien, dafür aber umso mehr familiäre Partikulierbetriebe gibt. Mehr als jedes zweite Schiff auf Rhein und Neckar fährt heute unter holländischer oder belgischer Flagge.

Verdeutlicht wird der generelle Rückgang der deutschen Binnenschiffahrt auch in den Personalzahlen: Gab es 1965 noch 24 644 Beschäftigte, so waren es 1973 noch 14 327 und 1990 nur noch etwas mehr als 6000 fahrendes Personal. Die noch verbliebenen deutschen Partikuliere haben sich zum großen Teil in Transportgenossenschaften zusammengeschlossen und lassen ihre Interessen auf politischer Ebene vom Bund der Selbständigen, Abteilung Binnenschiffahrt, vertreten. In ihrer Existenz sind sie jedoch weitgehend von der Vergabe von Aufträgen durch die Reedereien und Großverlader (z. B. Zementwerke, Kohlekraftwerke und Stahlindustrie) abhängig.

Auch vor der traditionellen Schifferstadt Neckarsteinach hat diese Enwicklung nicht halt gemacht. Von den ehemals über 50 Partikulieren sind nur noch wenige übriggeblieben. 1990 waren zwar noch 27 Schiffseigentümer mit je einem Schiff in der Gemeinde gemeldet, aber als echte Partikuliere können davon nur noch 17 bezeichnet werden. Es gibt in der Vierburgenstadt zusätzlich noch zwei mittelständische Reedereien mit je 11 hier gemeldeten Schiffen, die sich beide aus familiären Partikulierbetrieben entwickelt haben. Es sind dies die Firma Ludwig und Jakob Götz, deren Anfänge seit ca. 1850 nachweisbar sind, und die Firma Gebrüder Krieger, die 1991 ihr hundertstes Betriebsjubiläum feiern konnte.

Tradition und einen guten Namen hat auch der Schiffsbau in Neckarsteinach. Von den früher einmal vorhandenen vier Werften ist die mit über 60 Beschäftigten leistungsstarke Schiffswerft Ebert und Söhne – übrigens als letzte Werft in Hessen – übriggeblieben. Daneben liegt die kleinere Neckar-Bootsbau GmbH, die sich auf Wasserschutzpolizeiboote und ähnliches spezialisiert hat. Nicht vergessen werden darf auch die Personenschiffahrt, die – ausgehend von kleinen Fährbetrieben – in Neckarsteinach seit 1926 von den Firmen Bossler und Oestreicher ausgeübt wird. Sie haben sich 1972 mit drei Heidelberger Unternehmen zur „Rhein-Neckar-Fahrgast-Schiffahrt" (RNF) zusammengeschlossen und sind mit ihrer 7 Schiffe umfassenden „Weißen Flotte" maßgeblich am Fremdenverkehr in der Vierburgenstadt beteiligt.

Schiffahrt auf dem Neckar; rechts der zum Promenadenweg ausgebaute frühere Treidel- oder Leinpfad

Zusammenfassend kann gesagt werden: Die Schiffahrt hat Jahrhunderte lang das Leben vieler Menschen in Neckarsteinach geprägt und war bis in die 70er Jahre der wichtigste Wirtschaftszweig der Stadt. War es früher – neben der Flößerei – vor allem der Holz- und Salztransport, so lebten seit der Mitte des vorigen Jahrhunderts fast alle Neckarsteinacher Schifferfamilien vom Steintransport. Der rote Sandstein aus den umliegenden Steinbrüchen war gefragtes Baumaterial in weitem Umkreis, besonders für Uferbefestigungen. Das änderte sich erst mit der wachsenden Bedeutung des Zements vor dem Zweiten Weltkrieg. Nach dem Krieg avancierten Baustoffe wie Kies und Bimsstein für den Wiederaufbau neben der Kohle zu den häufigsten Transportgütern. Auch heute noch befördern die Bäuche der hochmodernen, über 100 m langen Neckarschiffe neben dem Kies viel Kohle für die Kraftwerke im Heilbronner Raum den Neckar aufwärts. Öl, Schrott und Stückgüter (Getreide, Ölfrüchte) sind hinzugekommen, während talwärts Salz für chemische Werke, Rohgips und auch Schrott noch eine Rolle spielen, über 50 % der Schiffe aber leer flußabwärts fahren. Denn obwohl so ein großes Neckarschiff heute mit einer Ladefähigkeit von über 2500 Tonnen mehr als zwei Güterzüge auf einmal transportieren kann, ist die Konkurrenz von Bundesbahn und Lastkraftwagen groß.

Als umweltfreundlichstes Massentransportmittel sollte die Schiffahrt aber auch in Zukunft ihren Platz in der deutschen Verkehrswirtschaft haben und könnte vielleicht wieder noch größere Bedeutung erlangen.

Gerberei – ein einst blühendes Handwerk in Neckarsteinach

Neben der Schiffahrt, der Fischerei und der Flößerei war jahrhundertelang die Gerberei der bedeutendste Handwerkszweig in Neckarsteinach. Der erste „Löwer“ oder Lohgerber wird bereits 1406 erwähnt und einen neuen Aufschwung erhielt das Gewerbe, als sich um 1700 zahlreiche Hugenottenflüchtlinge aus Frankreich in Neckarsteinach (und in der Umgebung) niederließen, unter denen sich auch etliche Lohgerber befanden. Voraussetzung für dieses aufwendige Handwerk war zum einen das Vorhandensein von weichem Wasser, an dem sich die Neckarsteinacher ja – im Gegensatz zu vielen anderen Gemeinden im Umkreis – bis heute erfreuen. Aber natürlich hatte auch der nahe Wald große Bedeutung, denn aus ihm wurde die wertvolle Eichenrinde gewonnen, die in gemahlenem Zustand Lohe heißt und mit Wasser versetzt die Gerbbrühe ergibt, die zur Umwandlung der Tierhäute in Leder gebraucht wird.

Wie die wertvolle Eichenrinde gewonnen wurde

Zur Gewinnung dieser in großen Mengen benötigten Eichenrinde entwickelte sich in einigen Gegenden seit Beginn des 18. Jahrhunderts eine besondere Art der Waldnutzung und zwar die sogenannte Niederwaldwirtschaft, bei der bestimmte Baumbestände – in unseren Breiten vor allem die Trauben- und Steineichen – schon nach 15 Jahren wieder abgeholzt wurden und die Verjüngung überwiegend aus Stockausschlägen erfolgte. Auf diese Weise konnten jedes Jahr in verschiedenen, an arme Familien vermieteten „Losen" eine große Menge von 10–12 cm dünnen Baumstämmen geerntet werden, deren Rinde in mühsamer Handarbeit aufgeklopft und abgeschält wurde. Dieses sogenannte „Renneklоppe" – das Rindenklopfen – fand Anfang Mai statt, wenn die Knospen der jungen Eichen aufsprangen. Ganze Großfamilien zogen bei dieser „Schlacht gegen die grünenden Wälder" in den Forst. Die Männer besorgten das Abhauen der Stämme, die Frauen – die „Kloppstöcke" – hatten die Rinde aufzuklopfen und abzuschälen und die Kinder sammelten die übrigbleibenden Prügel als wertvolles Heizmaterial. Aus einer Aufstellung der damaligen Oberförsterei Hirschhorn geht hervor, daß Anfang des 19. Jahrhunderts ca. 80 % der gemeindeeigenen und staatlichen Waldflächen in Hirschhorn und Neckarsteinach als Eichenschäl- oder Niederwald genutzt wurde. Jährlich konnten so ca. 200 ha Eichenwald geschlagen und ungefähr 40 000 Zentner Rinde geerntet werden.

Die alte Rindenscheuer aus dem 18. Jahrhundert

Noch vor dem Abholzen war die Rinde aber bereits verkauft. Im Karmeliterkloster von Hirschhorn unterhalb der Burg fand nämlich jedes Jahr im Februar oder März die Rindenversteigerung statt. Dabei konnten die aus der ganzen Umgebung – bis aus Worms und Darmstadt – anreisenden Gerber anhand von fingerdicken Baumscheiben die Qualität der Rinde prüfen: je feiner die Rinde desto höher der Gerbsäureanteil. Der Hirschhorner Rindenmarkt war lange Zeit der größte im ganzen Reich, und an den hier abgegebenen Geboten orientierte sich das gesamte Gerberhandwerk. Die letzte Versteigerung fand in Hirschhorn im Jahre 1910 statt.

Während in Hirschhorn die entlang der Stadtmauer errichteten Rindenscheuern, in denen die Rinde getrocknet und gelagert wurde, alle dem Bau der Uferstraße zum Opfer gefallen sind, steht in Neckarsteinach an der Bundesstraße mitten in der Stadt noch ein besonders schönes Exemplar aus Fachwerk. Es ist in Höhe des ehemaligen Wehrgangs direkt auf die alte Stadtmauer aufgesetzt und sein vierstufiges Dach war für die damalige Zeit eine wahre Meisterleistung. Hier wurde die im Wald bereits „klapperdürr" abgelagerte Rinde zu Ende getrocknet, bevor sie dann in Lohmühlen zu Lohe gemahlen wurde. In Neckarsteinach gab es in der Neckarstraße eine Lohmühle, eine kurze Abzweigung davon heißt noch heute Gerbergasse; wahrscheinlich stand an der Stelle der heutigen Drogerie Kuhl eine Gerberei und auch an der Ecke Schönauer/Bahnhofstraße befand sich um 1850 noch eine Rindenscheuer mit Gerberei der Geschwister Heyl. Diese Scheune wurde erst Anfang der 1950er Jahre abgerissen.

Der reichste Mann war ein Rotgerber

Eine Aufstellung aus dem Jahre 1803, dem Jahr, als Neckarsteinach hessisch wurde, bezeugt, daß der Rotgerber und Lederhändler Johannes Spitz und sein Sohn Johann Simon mit einem Vermögen von 20 000 bzw. 8000 Gulden damals die reichsten Bürger der Vierburgenstadt waren. Ihr schönes, im Jahre 1755 gebautes Barockhaus steht in der Kirchenstraße und ist heute Teil der Stadtverwaltung. Es hatte eine eigene Quellwasserversorgung – Wasser, das jetzt in die Rathausbrunnen fließt –, und beim Umbau des benachbarten Schönauer Hofes vor sieben Jahren fand man auch hier noch Gerbgruben, in denen die Häute früher zusammen mit der Lohe 18 Monate für die Gerbung benötigten.

Mit 23 Gerbern stand diese Berufsgruppe zu Beginn des 19. Jahrhunderts noch an zweiter Stelle nach den Schiffern, Fischern und Flößern mit 46 Vertretern. Von diesen 23 waren 17 Rotgerber und 6 Weißgerber. Als Rotgerber bezeichnete man diejenigen, die zur Herstellung von Leder vor allem die pflanzlichen Gerbsäuren, eben die Lohe, benutzten, während die Weißgerber für ihre Arbeit u. a. Alaun und Kochsalze verwendeten. Diese Gerbung wurde wohl auch für die Herrichtung von Pelzen bevorzugt. Ob allerdings der in Neckarsteinach kursierende Spruch *„Soll der Mann das Leder weiche, muß die Fraa ins Kübel seiche"* tatsächlich zur Anwendung kam, war leider nicht mehr herauszufinden. Oft geschah die Aufbereitung der Häute bei der Weißgerbung auch durch eine Hunde- und Vogelkotbrühe. Heute werden dafür die Säfte der Bauchspeicheldrüse von Großtieren aus dem Schlachthof verwendet.

Die Eingangstür des Barockhauses von Rotgerber Simon Spitz und seinem Sohn in der Kirchenstraße

Die Lederfabrik „Neckaria“

Während die Niederwaldbewirtschaftung und das selbständige Gerberhandwerk durch die Konkurrenz gerbstoffreicherer Importrinde und vor allem die Einführung der Chromgerbung langsam zurückgedrängt wurden, errichteten die Geschwister Heyl in der zweiten Hälfte des 19. Jahrhunderts eine erste Lederfabrik an der Steinach im Schönauer Tal. Sie beschäftigte um 1900 bereits 120 Arbeiter und war damit der größte Arbeitgeber im Städtchen. Nach zwischenzeitlichen Schwierigkeiten wurde dann an gleicher Stelle 1905 die Firma „Neckaria“ gegründet, die bald große Bedeutung für Neckarsteinach und die Umgebung erlangte und in der 1914 über 250 Mitarbeiter tätig waren. Hier wurde ein wegen seiner Qualität weithin geschätztes Oberleder produziert, wobei das auf einer Weltausstellung in Paris mit einer Medaille ausgezeichnete, unter dem Namen „Boxcalf“ bekannte Kalbsleder eine besondere Stellung einnahm. Das Ansehen des Werkes wuchs noch weiter, als 1924 die „Neckaria“ von der Firma Carl Freudenberg, Weinheim, übernommen wurde. Zu den vielen anderen Produkten kam 1932 dann noch die Herstellung des berühmten Chevreaux-Leders hinzu, ein besonders feinnarbiges Leder aus Ziegenfellen. Der Zweite Weltkrieg zwang zur vorübergehenden Stillegung der Fabrik, und nach dem Krieg durfte der Gerbereibetrieb nicht mehr aufgenommen werden, weil die benötigten Kläranlagen fehlten. Praktisch endete damit bereits die lange Tradition des Neckarsteinacher Gerbereihandwerks, auch wenn die „Neckaria“ ab 1946 noch 27 Jahre lang Lederprodukte, wie Schuhkappen, Treibriemen, Industriehandschuhe, Veloursleder und anderes herstellte. Doch 1973 mußte die Lederfabrik, die so vielen Neckarsteinachern Arbeit und Brot gegeben hatte, aus Rationalisierungsgründen endgültig aufgegeben werden. Sie wurde 1978 restlos abgerissen und machte Platz für ein modernes Elektronik-Unternehmen.

Das Schicksal der jüdischen Gemeinde in der Vierburgenstadt

Nur noch eine kleine Gedenktafel neben dem Eingang erinnert daran, daß das imposante, mit rotem Sandstein verkleidete Haus in der Hirschgasse 3 vor mehr als 100 Jahren, nämlich 1889, als Synagoge eingeweiht wurde. Ihr äußeres Erscheinungsbild mit den maurisch anmutenden Fensterbögen hat sich seither kaum verändert, im Innern jedoch diente sie nur knapp 50 Jahre dem Gottesdienst der israelitischen Gemeinde von Neckarsteinach, und seit mehr als 40 Jahren wird sie von den heutigen christlichen Besitzern nach mehreren Umbauten im Innern als Wohnhaus und Schuhmacherei genutzt.

Schon 1429 muß es eine kleine jüdische Gemeinde in Neckarsteinach gegeben haben, denn in Urkunden aus jener Zeit wird die Erhebung von speziellen Judensteuern erwähnt. Seit damals scheinen ständig Juden in dem kleinen Ort am Neckar, der seit 1377 Stadtrechte besaß, gewohnt zu haben; z. B. findet man 1676 den Namen „Jud Moyses“ als Viehhändler eingetragen. Das spricht für

Die fast unveränderte frühere Synagoge von 1889

einen gewissen Wohlstand der Gemeinde, denn da die Juden überwiegend kaufmännische Berufe ausüben mußten, bevorzugten sie Orte mit regem Handel, der in Neckarsteinach ja schon durch die Schiffahrt, aber auch durch zwei, später sogar fünf Jahrmärkte gegeben war. Auch der 1726 von den Wormser Bischöfen erhobene Leibzoll, den jeder Jude beim Passieren der Stadttore bezahlen mußte, gibt Aufschluß über den lebhaften jüdischen Handelsverkehr. Aus den schriftlich festgehaltenen Einnahmen geht hervor, daß damals mindestens 400 Juden jährlich an den Neckarsteinacher Stadttoren Einlaß begehrten.

Reiche Juden als Geldgeber

Die Zahl der im Städtchen niedergelassenen Juden stieg bis zur Mitte des 18. Jahrhunderts auf ungefähr 40 Personen an, für die es wahrscheinlich auch schon einen Betraum mit Ritualbad in der Nähe des heutigen Stadtgartens gab. Meistens waren es arme Leute, aber es muß doch schon eine Reihe von wohlhabenden Juden gegeben haben, denn es ist belegt, daß sich z. B. Neckargemünd, wo lange Zeit keine Juden wohnen durften, Geld bei Neckarsteinacher Juden besorgte. Als im österreichischen Erbfolgekrieg die königlich-ungarischen Truppen in Neckargemünd Quartier nahmen und hohe Kontributionen forderten, besorgte der Neckarsteinacher Jude Josel Moses 1745 die nötigen Naturalien wie Hafer, Heu und Stroh, und 1799 war es der Neckarsteinacher Jude Jonas Hirsch, der einen großen Teil der von der Stadt Neckarsteinach zu liefernden „Fourage“ (Proviant und Viehfutter) beschaffen konnte, als die Franzosen im 2. Koalitionskrieg das Städtchen besetzt hatten.

Das änderte offenbar nichts am Unbehagen der christlichen Bevölkerung über das Anwachsen der jüdischen Einwohner, denn 1801 heißt es in einer Eingabe der Bürger an die Stadtverwaltung, man solle „die sich schnell verdoppelnde (jüdische) Gemeinde bis auf wenige Familien absterben lassen“. Als Grund wurde angegeben: „Wucher und überlegene kaufmännische Geschicklichkeit“.

Als 1803 Neckarsteinach hessisch wurde, gab es in der ca. 1080 Einwohner zählenden Gemeinde neun jüdische Familien mit ca. 50–60 Seelen. Den Zuzug neuer Juden erschwerte die Stadt durch die 1823 wieder aufgehobene Forderung, daß sich nur noch Juden mit einem Vermögen von mindestens 1000 Gulden, bei ausländischen – also nicht hessischen Juden – sogar 8000 Gulden ansiedeln durften. Trotzdem scheint das Verhältnis zwischen Juden und Christen nicht schlecht gewesen zu sein, denn laut Stadtarchiv nahmen auch die Juden am Festgottesdienst teil, der am 3. Juni 1803 aus Anlaß der Übergabe an Hessen in der spätgotischen Kirche stattfand, die damals ja noch Simultaneum für Protestanten und Katholiken war.

Die erste Synagoge

Zu dieser Zeit entstand auch die erste richtige Synagoge in der Hirschgasse. Zur Finanzierung des schon recht stattlich geplanten Gebäudes wurde eine „Convention“ ausgearbeitet, die von der hessischen Regierung bestätigt werden mußte. Darin war genau aufgeführt, wer an welchen Orten „collectieren“, also um Spenden bitten sollte. Außerdem kam auch dadurch Geld zusammen, daß jedes jüdische Gemeindemitglied bei bestimmten Gelegenheiten gewisse

Gebühren und Abgaben zu zahlen hatte, wie z. B. bei Hochzeiten und anderen Familienfeiern, oder ein Viehhändler oder Schlächter für jedes verkaufte bzw. geschlachtete Tier; auch das Fernbleiben vom Gottesdienst kostete zwei Kreuzer.

Die jüdischen Kinder besuchten zwar die christliche Volksschule, doch Religionsunterricht erhielten sie von einem extra bestellten Religionslehrer, der meistens gleichzeitig in der Synagoge auch Vorsänger war. Der interne Schriftverkehr verlief überwiegend in hebräischer Sprache, doch auch sonst gab es offensichtlich sehr unterschiedliche Deutschkenntnisse, denn 1822 findet man den Hinweis, daß bei der Wahl des neuen jüdischen Gemeindevorstandes der „Schutzjude und gewesene Vorsänger Joseph Liebmann Goldstücker“ vor allem deshalb vorgeschlagen wurde, weil – wie es heißt – „obwohl nicht der reichste, kann jedoch am besten deutsch“.

Die Synagogen-Ordnung von 1859, vom Großherzoglichen Kreisamt in Lindenfels in Abstimmung mit den jüdischen Gemeinden aufgestellt, regelte den hebräischen Gottesdienst, später durften auch Predigten in deutscher Sprache abgehalten werden. Kinder unter fünf Jahren hatten keinen Zutritt zur Synagoge. Verheiratete Männer mußten eine Kopfbedeckung tragen, Junggesellen, wenn sie zur Thora hintraten. Während des Gottesdienstes war der Genuß von Speisen und Getränken sowie das Rauchen und Tabakkauen untersagt, ebenso durfte außer den zum Vorbeten und -singen bestimmten Personen niemand sprechen oder singen oder vorzeitig den Gottesdienst verlassen.

Verstorbene Juden aus Neckarsteinach wurden auf dem jüdischen Sammelfriedhof in Hirschhorn, der sich spätestens seit dem Jahre 1600 im Wald auf dem Weg zur Burg nachweisen läßt, beerdigt; dort fanden auch die Juden aus Eberbach, Zwingenberg, Strümpfelbrunn und natürlich Hirschhorn ihre letzte Ruhestätte. Auch heute gibt es dort noch eine große Zahl (ca. 200) von jüdischen Grabsteinen. Die meisten sind umgefallen, aber die Schrift ist auf vielen Steinen noch lesbar. Die religiösen Gebete sind in hebräisch, während alle Angaben zur Person in Deutsch geschrieben sind. Unter den zahlreich noch vorhandenen Grabsteinen von aus Neckarsteinach stammenden Juden ist der Name Oppenheimer besonders oft vertreten. Die letzte Beerdigung fand hier 1929 statt.

1842 entstand am Stadtgarten ein neues Ritualbad (Mikwe), das vor allem Frauen jeden Monat einmal und außerdem für die rituellen Reinigungen vor der Hochzeit und nach jeder Geburt benutzen mußten. Das Wasser dafür stellte der Gerbermeister Simon Spitz aus der Kirchenstraße aus dem Überlauf des Rathausbrunnens zur Verfügung.

1860 wird die Zahl der jüdischen Bürger in Neckarsteinach mit 60 Personen angegeben, die aus sieben Familien stammten, von denen allein fünf Oppenheimer hießen.

Die erste, inzwischen über 80 Jahre alte Synagoge mußte 1886 wegen Baufälligkeit abgerissen werden. Sie ragte außerdem zu sehr in die Hirschgasse hinein, so daß sie die Flößer bei ihrem Zu- und Abgang zum Neckar behinderte. Es spricht für ein reges jüdisches Gemeindeleben, daß bereits drei Jahre später, 1889, die neue, noch heute bestehende Synagoge, mit dem Betraum und einer Empore im ersten Stock sowie einer Lehrerwohnung im Untergeschoß, vom Heidelberger Rabbiner Dr. Sondheimer eingeweiht werden konnte. Sie wurde zwar überwiegend auf den Grundmauern des ersten Gotteshauses errichtet, aber um einen Meter zurückversetzt. Von den Baukosten in Höhe von 9500 Mark übernahm die Stadt Neckarsteinach 1000 Mark, was wiederum auf ein harmonisches Zusammenleben der verschiedenen Religionsgemeinschaften schließen läßt.

Trotzdem ging die Zahl der jüdischen Bürger danach zurück. Waren es um 1900 noch 44 Seelen, sollen es 1905 nur noch 24, 1925 aber wieder 35 Mitglieder gewesen sein.

Die Juden ab 1933

Zu Beginn des Nazi-Regimes 1933 wohnten in Neckarsteinach noch sieben jüdische Familien mit 30 Angehörigen. Überwiegend durch Auswanderung nach Palästina und Amerika schrumpfte diese Zahl bis 1938 nochmals auf 13 Personen zusammen. Der letzte jüdische Gemeindevorstand hieß Max Stern. Auch in Neckarsteinach sprechen neben der Reichskristallnacht einige im Stadtarchiv vorgefundene Schreiben für das Vorhandensein von Antisemitismus: Auf eine entsprechende Anfrage aus der Bürgermeisterei der Vierburgenstadt antwortet das Kreisschulamt Heppenheim am 19. Juni 1936: „daß wir bis jetzt noch keine gesetzliche Bestimmung haben, auf Grund deren wir die jüdischen Schulkinder aus der Schule ausweisen können". Und ein Schreiben aus der Landesgendarmerie Hirschhorn an das Geheime Staatspolizeiamt in Darmstadt vom 18. Mai 1935 berichtet von der „Inschutzhaftnahme des Händlers Max Oppenheimer und seines Sohns Ludwig aus Neckarsteinach". Dieser sogenannten Schutzhaft war ein Vorgang vorausgegangen, bei dem die beiden Juden zwischen einer johlenden Zuschauermenge durch die Neckarsteinacher Straßen geführt worden waren und dabei ein Schild mit der Aufschrift „Nieder mit den Rassenschändern" mit sich führen mußten. Ihnen wurde vorgeworfen, sich schon längere Zeit an ihren christlichen Dienstmädchen „in sittlicher Beziehung vergangen zu haben". Weil die Menge eine drohende Haltung gegenüber den beiden Oppenheimern zeigte, wurden sie im Hirschhorner Amtsgefängnis in Schutzhaft genommen.

Eine heute noch lebende Zeugin erinnert sich noch lebhaft an das Geschehen in der Reichskristallnacht, an dem sie hautnah beteiligt war: Anna Weiher wohnte seit 1933 mit ihrem Mann und zwei Söhnen im Untergeschoß der Synagoge und verrichtete die Schawwesdienste (Arbeit, die die Juden am Sabbat nicht selbst verrichten durften) im Betraum. Am Abend des 10. November 1938 drangen einige Nazis aus Ziegelhausen und Neckarsteinach in die Synagoge ein und rissen ihr den Schlüssel zum Betraum so gewaltsam aus der Hand, daß sie verletzt wurde. Ein 16jähriger jüdischer Junge, Siegfried Ledermann, der sich gerade bei ihr aufhielt, wurde mit hoch erhobenen Händen abgeführt. Mit bereits mitgebrachten Beilen und Äxten zertrümmerten die Nazis das Mobiliar und warfen die gesamte Einrichtung zum Fenster hinaus. Einige metallene Gegenstände trugen sie in Säcken davon, alles übrige wurde zum Neckarlauer gebracht und dort angezündet. Die Synagoge selbst entging wahrscheinlich nur deshalb der Brandstiftung, weil sie Wand an Wand mit anderen Häusern mitten in der Altstadt stand.

Trotz Verbots zahlte die Familie Weiher die Monatsmiete noch so lange, bis 1939 auch der letzte Jude aus Neckarsteinach verschwunden war. Soweit zu erfahren war, konnten sich die meisten noch durch Flucht ins Ausland retten, zwei Angehörige der Familie Ledermann sollen im KZ umgekommen sein. Kurz nach Kriegsende stellte sich ein junger amerikanischer Soldat in Uniform und Stahlhelm bei Frau Weiher in Neckarsteinach vor und erst auf den zweiten Blick erkannte sie mit großer Freude den 16jährigen Jungen wieder, dessen Verhaftung sie miterlebt hatte. Er war seinen Häschern entkommen.

Mit Kriegsbeginn mußte Familie Weiher die Synagoge verlassen. Im Betsaal wurden gefangene Polen untergebracht, in der unteren Wohnung campierte die Wachmannschaft.

Als 1950 Familie Weiher davon hörte, daß die Synagoge zum Verkauf anstand, meldete sie bei der zuständigen jüdischen Behörde in Frankfurt ihr Interesse an und erhielt aufgrund ihres guten Leumunds bei den Juden den Zuschlag. Das Obergeschoß baute sie zu einer Wohnung um und im Untergeschoß betreibt einer der Söhne eine Schuhmacherei.

Leben in einer Burg

Er hat es immer gewußt, daß sie ihm als ältesten Sohn einmal ganz allein gehören würde: die Mittelburg, die romantischste unter den vier mittelalterlichen Burgen von Neckarsteinach, doch was es bedeuten würde, auch ganz allein die Verantwortung für ein mehr als 800 Jahre altes Gemäuer zu übernehmen, das erfährt der junge Burgherr Johannes Freiherr von Warsberg mit seiner sechsköpfigen Familie täglich aufs neue: Es ist zwar auch, aber nicht nur ein Vergnügen, in einer Burg zu wohnen, es ist ein täglicher Kampf gegen den Verfall, ein Arrangieren mit der Unbequemlichkeit, aber auch das Bewußtsein, eine jahrhundertealte Tradition zu bewahren und sie für die Nachwelt zu erhalten.

Noch zu Lebzeiten des berühmten Minnesängers Bligger II., der in der Heidelberger Liederhandschrift verewigt ist und der damals auf dem Stammsitz der Steinacher, der Hinterburg, wohnte, wurde – nur 200 m davon entfernt – die Mittelburg von dessen Bruder Konrad I. um 1170 erbaut. Sie erlebte eine wechselvolle Geschichte und wird schon früh zur Hälfte an den Erzbischof von Mainz und zur Hälfte an den Bischof von Worms verkauft. Erst 1550 ist sie für gut 100 Jahre wieder ganz im Besitz der Neckarsteinacher Landschaden, die dann die wehrhafte Burg nach dem Vorbild des Heidelberger Gläsernen Saalbaus in ein Renaissanceschloß umbauen.

Herkunft der Warsberger

Nach dem Aussterben des Rittergeschlechtes gehen die Mittelburg und auch die drei anderen Burgen 1657 in den Besitz der Freiherren von Metternich über und werden nach einer erneuten Zwischenherrschaft der Bistümer Worms und

Die um 1170 gebaute Mittelburg, die Privateigentum und Wohnhaus des Freiherrn von Warsberg ist

Mainz 1803 hessisch. Noch im gleichen Jahr erwirbt der Freiherr von Dorth die *Vorder-* und *Mittelburg,* und einer seiner Söhne heiratet eine Freiin von Warsberg, die Tochter einer lothringischen Adelsfamilie, die reichsunmittelbar, d. h. dem Kaiser direkt unterstellt war und sich bis in das Jahr 1100 nachweisen läßt.

Diese Ur-Ur-Großtante des heutigen Burgherrn war sehr vermögend und ließ 1840 die staufische Mittelburg – dem damaligen romantischen Zeitgeist entsprechend – mit Zinnen und neugotischen Bögen ausstatten. Nach dem Aussterben der Familie von Dorth erbten 1920 die Warsberger die beiden Burgen.
Johannes, der älteste Sohn des 1983 verstorbenen Dr. Alexander von Warsberg, verlebte – 1952 in Heidelberg geboren – eine unbeschwerte Kindheit zwischen dicken Burgmauern im Kreise einer großen Familie, wenn auch seine Zeit in der Neckarsteinacher Grundschule aufgrund des adeligen Namens und der „exponierten Wohnlage“ nicht immer ganz unproblematisch war. Im Bewußtsein, später einmal die ca. 1000 ha ererbten Grundbesitz im Odenwald und in der Pfalz verwalten zu müssen, studierte er nach dem Besuch des Heidelberger Kurfürst-Friedrich-Gymnasiums und des Internats Salem Volks- und Betriebswirtschaft sowie Jura und absolvierte eine Banklehre. Der Forst ist das Hauptstandbein des freiherrlichen Besitzes, doch gehört dazu auch der Campingplatz auf der baden-württembergischen Seite des Neckars unterhalb des Dilsberges und der Campingplatz an der Steinach an der Straße nach Schönau.

Ein Haushalt, der Kraft und Geld fordert

Ein schöner Labradorhund namens „Bligger", wahrscheinlich der 23. Bewohner der Burg mit diesem bei den Neckarsteinacher Rittern so beliebten Vornamen, bewacht die Burgfamilie, zu der inzwischen fünf kleine Kinder gehören, nachdem der Freiherr 1980 Ulrike Freiin von Welck heiratete. Sie mußte erst lernen, was es heißt, in einer Burg zu wohnen und einen Haushalt zu führen, dessen heutiger, nicht mehr als üblicher Komfort mühsam und teuer erkauft werden mußte. Es ist ein Haushalt der „langen Wege", denn die über drei Stockwerke verteilten mehr als 20 – teilweise mit über Generationen gesammelten Möbeln ausgestatteten – Zimmer sind nur über große, im Winter eisige Treppenhäuser zu erreichen. *„Wir haben unser Jogging täglich im Hause!"* Es gibt außer einer Putz- und Bügelhilfe auch kein Personal.

Trotz eines Verbrauchs von 20 000 l Heizöl im Jahr müssen im Winter etliche Räume *„stillgelegt"* werden. Aber auch in den beheizten Zimmern hat man sich daran gewöhnt, ständig *„einen Pullover mehr"* zu tragen. Die Struktur des Gebäudes und die Flucht von ineinanderübergehenden Räumen machen es schwierig, geeignete Kinderzimmer zu gestalten und die schon vor Jahrzehnten eingebauten fünf Badezimmer müssen alle renoviert werden. Leitungen sind undicht, Putz bröckelt von den Wänden und trotz der erst vor einiger Zeit erfolgten Sanierung der gesamten Dachlandschaft dringt schon wieder Wasser in die Decke des oberen Turmzimmers. *„Für eine solche kleine Reparatur muß bei mir ein Gerüst von 23 m Höhe aufgestellt werden – unbezahlbar!"* resigniert der Hausherr.

Und während das Land Hessen in die sich im Staatsbesitz befindliche benachbarte Hinterburg und das Schwalbennest in den letzten Jahren Hunderttausende Mark zur Restaurierung und Erhaltung investiert hat, muß Johannes v. Warsberg alles allein finanzieren, bekommt nach eigenen Aussagen *„keinen Pfennig"* von Stadt oder Land. Deshalb und weil die Besitzer die Eigenheiten des Gemäuers am besten kennen, machen die Eheleute inzwischen das meiste an Renovierungsarbeiten selbst, so z. B. das Streichen der Wände mit Kalkfarben, das Aufarbeiten der alten Möbel und vieles mehr, wobei natürlich auch ständig die Auflagen des Denkmalschutzes zu beachten sind. *„Ich hänge halt an diesem Haus,"* sagt der Freiherr, *„auch wenn aus wirtschaftlichen Gründen das Bewohnen der Burg eigentlich Unsinn ist."*

Verantwortung für ein historisches Erbe

Die Burgbewohner sind auch durchaus bereit, die Öffentlichkeit an ihrem historischen Erbe teilhaben zu lassen. Ein bis zwei Vierburgenbeleuchtungen im Jahr gehören schon lange zur Selbstverständlichkeit im städtischen Leben. Darüber hinaus nimmt auch in jedem Jahr die feierliche Fronleichnamsprozession im Burghof ihren Anfang, nachdem vorher ein öffentlicher Gottesdienst auf der wunderschönen Freitreppe vor der Terrasse des „Schlosses" mit dem herrlichen Blick ins Neckartal stattgefunden hat. Sie war auch schon mehrere Male idyllischer Schauplatz romantischer Serenadenkonzerte.

Die junge moderne Familie v. Warsberg ist sich der Verantwortung bewußt, ein kostbares Kulturgut für ihre Nachkommen und für die Allgemeinheit zu bewahren und tut alles, um dieser Aufgabe gerecht zu werden.

Die Vorderburg, von Ulrich I., einem Sohn des Minnesängers Bligger II. um 1200 als dritte der vier Neckarsteinacher Burgen gebaut. Sie heißt auch Landschadenburg, weil sie den im frühen 14. Jahrhundert verarmten Rittern der Landschaden vom Bistum Worms als Lehen und Wohnsitz überlassen wurde. Erst 1474 brachte Bligger XIV. sie wieder ganz in seinen Besitz
Die Burg befindet sich ebenfalls im Eigentum der Freiherren von Warsberg und ist bewohnt

Steinach-Tiere mit kostbarer Fracht

Es gab sie wirklich, die „Perle des Odenwalds“ und die „Steinachperle“, heute nur noch symbolische Namen für besonders schöne Landschaftspunkte oder Gasthäuser. Noch vor weniger als 60 Jahren wurden echte Perlen aus dem Steinachwasser gefischt, und auch heute noch kann man die leeren Schalen ihrer Erzeuger, der Flußperlmuscheln, finden. Der Zoologe Dr. Jürgen Jungbluth ist in jahrelangen Untersuchungen dem Verbleib der interessanten Tiere nachgegangen und kommt zu dem Ergebnis, daß der Bestand der Perlmuscheln in allen deutschen Mittelgebirgen nur noch äußerst gering und an vielen Stellen bereits erloschen ist. In einem ausführlichen Gutachten hat er dem Hessischen Landesamt für Umwelt Anfang der 80er Jahre einen speziellen Maßnahmenkatalog zur Rettung der noch bestehenden Restbestände vorgeschlagen, doch scheint aus finanziellen Gründen eine Wiederbelebung der Perlmuschelzucht in der Odenwälder Steinach nahezu ausgeschlossen zu sein.

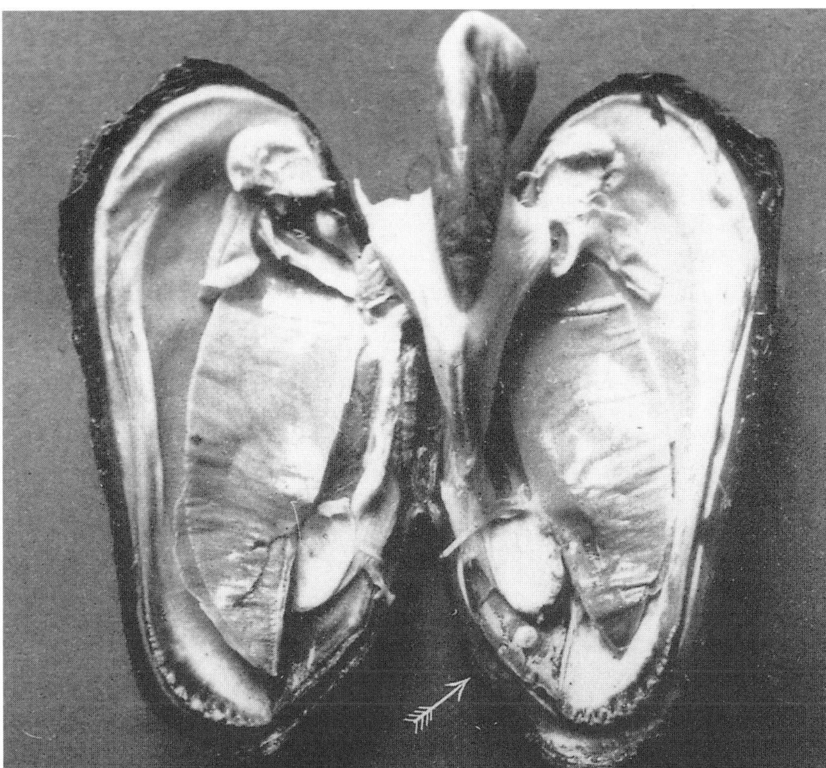

Die Flußperlmuschel mit eingelagerter Perle

Günstige Bedingungen in der Steinach

Nicht nur auf die Muscheln der Meere ist die Fähigkeit beschränkt, Perlen zu bilden; auch Süßwassermuscheln sind in der Lage, um einen eingedrungenen Fremdkörper herum Schichten aus anorganischem und organischem Material wachsen zu lassen. In unseren Breiten ist es jedoch nur die echte Flußperlmuschel, in deren Schalen wertvolle Schmuckperlen heranreifen können, und sie hat deshalb von alters her die Aufmerksamkeit vieler Landesherren auf sich gelenkt, die die Perlfischerei zu ihrem ausschließlichen Vorrecht erklärten.

Das Besondere an den Odenwälder Perlmuschelvorkommen ist die Tatsache, daß die Steinach das einzige bekannt gewordene Gewässer in Europa ist, in dem sich von Menschenhand eingesetzte Muscheln fast 200 Jahre lang gehalten haben. Im Jahre 1743 übernahm der junge Kurfürst Carl Theodor die Mannheimer Residenz und wurde wahrscheinlich von einem Mitglied seines Hofstaates, Freiherr von Zedwitz, auf die Möglichkeit einer Perlenzucht aufmerksam gemacht. Der bayrische Kurfürst schickte in den Jahren 1760 und 1769 insgesamt 1200 Stück lebende „Perlenfrösche" aus Bayern an den Neckar, wo sie zunächst in den schmalen Steinbach bei Ziegelhausen eingesetzt wurden.

Da die Tiere aber hier bald versandeten, pflanzte man Anfang der 1770er Jahre „einen Kübel voll" von ihnen in die Steinach, und zwar zwischen die südlichen Odenwaldorte Schönau und Altneudorf, später auch noch in die Nähe von Heiligkreuzsteinach. Hier scheinen sie ideale Lebensbedingungen vorgefunden zu haben, denn schon 1825 wurden Kolonien von Muscheln auch im unteren Flußbett bis nahe an die Mündung in den Neckar gefunden und um 1880 wurde ihre Zahl insgesamt auf zirka 50 000 geschätzt. Zunächst wachte man eifersüchtig über den Perlenbach. Der Bevölkerung war bei Todes-, später bei Zuchthausstrafe die Beschädigung oder das Entwenden der Tiere verboten.

Jedoch schon bald nach 1790 gerieten die Perlmuscheln in Vergessenheit, zum einen, weil der Perlenertrag wohl nicht besonders ergiebig, und zum anderen, weil Carl Theodor zur Übernahme auch der bayrischen Kurwürde nach München übergesiedelt war. Erst 1822 nach dem zufälligen Fund von vier schönen Perlen durch Schönauer Kinder erregten sie wieder das Interesse der inzwischen badischen Regierung. Aus einer Aktennotiz des Jahres 1823 ist zu entnehmen, daß man bei der Untersuchung von zirka 2000 Muscheln fünf reife Perlen fand, darunter eine ziemlich große, die den Glanz und die Reinheit einer orientalischen besessen haben soll. Die dann zunächst jährlich vorgenommene Perlfischerei brachte immer spärlichere Ergebnisse, so daß man bald die Perlensuche auf einen sechsjährigen Rhythmus beschränkte. 1848 gingen die Muscheln in den Besitz der Gemeinden Schönau, Altneudorf und Heiligkreuzsteinach über, die von da ab das Perlgewässer an Privatleute verpachteten. Im Laufe des 19. Jahrhunderts hat man noch in vielen Gegenden Deutschlands, zum Beispiel auch im Schwarzwald, versucht, die Flußperlmuschel anzusiedeln.

Nur geübte Hände konnten mit einer speziellen Zange die Muschel öffnen, ohne sie zu beschädigen. Nach Einsichtnahme wurden die Muscheln wieder ins Wasser gesetzt und lebten weiter ▶

Öffnen und Prüfen der Muschel unter Polizeiaufsicht

Entwicklung der Perlmuschel

Die Perlmuschel liebt sauerstoffreiche, humus- und merkwürdigerweise kalkarme, nicht zu schnell fließende Gewässer mit steinigem, bis grobsandigem Untergrund. Die getrenntgeschlechtlichen Tiere erreichen ihre Fortpflanzungsfähigkeit erst mit 20 Jahren. Die Eier werden in den Kiemen des jeweiligen Muttertieres vom vorbeifließenden Samen der männlichen Tiere befruchtet und wachsen dort noch innerhalb von vier Wochen zur Larvenform, dem sogenannten Glochidium, heran. Zwischen Juli und August, bei zirka 18 Grad Wassertemperatur, stößt das Muttertier dann Millionen reifer Larven ins Waser ab, wo sie sich, immer noch mikroskopisch klein, mit ihren winzigen Schalen an den Kiemen tiefschwimmender Fische anheften. Die Anbeißstelle verschließt der Wirtsfisch innerhalb weniger Stunden wie eine echte Wunde, das heißt, er umgibt sie mit gesundem Gewebe, und in dieser Schutzhülle kann die Muschellarve, wie Untersuchungen gezeigt haben, bequem überwintern.

In Laborversuchen konnte nachgewiesen werden, daß sich auf diese Art und Weise bis zu 2000 Larven an einem Fisch festsetzen können, ohne daß dieser dadurch irgendwie erkennbar beeinträchtigt wird. Im neuen Frühling verläßt die junge Muschel, nun etwa 0,4 Millimeter groß, ihren Wirt, meistens die Bachforelle, um sich dann wahrscheinlich noch längere Zeit tief im Bachbett einzugraben. Die Flußmuschel kann bis zu 100 Jahren alt werden und ist dann knapp 15 Zentimeter lang.

Zum Aussterben verurteilt

Schon seit der Mitte des vergangenen Jahrhunderts sind die Muschelbestände in allen Verbreitungsgebieten stark zurückgegangen. In den Restbeständen fehlen junge Tiere fast völlig. So auch in der Steinach, in der 1978 nur noch leere Schalen, einige davon allerdings noch von frischtoten Tieren, gefunden wurden. Ursachen dafür sind einmal die unkontrollierte Einleitung von Abwässern verschiedenster Art, wodurch die Perlmuscheln zunächst steril werden und später nach und nach absterben; zum anderen wurde durch Bachbegradigungen und Uferbefestigungen die Fließgeschwindigkeit des Wassers erhöht und schon aus rein mechanischen Gründen ganze Kolonien vernichtet.

Vermutlich stark zum Rückgang beigetragen hat der seit einigen Jahrzehnten stattgefundene Ersatz der Bachforelle durch die amerikanische Regenbogenforelle, wodurch die Tiere ihren speziellen Wirt verloren haben. In Deutschland werden nur noch in der Lüneburger Heide und im Fichtelgebirge ernsthafte Anstrengungen von staatlicher Seite her unternommen, die restlichen Muschelbestände wieder aufzufüllen. Dazu gehören jedoch lange Jahre ungestörter Entwicklungszeit. Die Perlengewinnung wird dabei von untergeordneter Bedeutung sein, doch sollte das völlige Aussterben dieses besonderen Tieres unter allen Umständen verhindert werden.

Der Wald als Arbeitsplatz im 18. und 19. Jahrhundert

Seit Jahrtausenden hat der Wald das Leben der Menschen entscheidend beeinflußt. Über die reine Holzerzeugung hinaus bestimmte er als eines der wichtigsten Elemente der Landschft die Siedlungsformen und Lebensgewohnheiten der heimischen Bevölkerung. Sein Erscheinungsbild wie auch seine Nutzung waren im Laufe der Zeit einem steten Wandel unterworfen. Der moderne Mensch schätzt den Wald vor allem als Erholungs- und Freizeitraum; in früheren Jahrhunderten jedoch diente er breiten Bevölkerungsschichten als Arbeitsplatz.

Nach langen Zeiten ungeregelter Waldnutzung setzte sich seit ungefähr 1750 vor allem in den Mittelgebirgswäldern Mitteleuropas in starkem Maße die sogenannte Niederwaldbewirtschaftung durch. Dabei handelt es sich um eine forstliche Betriebsart, bei der bestimmte Baumbestände schon nach ca. 15 Jahren wieder abgeholzt werden und bei der die Verjüngung überwiegend aus Stockausschlägen erfolgt. In unseren Breiten war es ausschließlich die Eiche, und zwar die Trauben- oder Steineiche, deren gutes Ausschlagvermögen aus den Baumstümpfen man für diese Art der Waldbewirtschaftung ausnutzte. Der Hauptzweck dieser Nutzungsform lag in der Gewinnung von Eichenrinde, deren Gerbsäure man für die Herstellung von Leder benötigte, während die abgeschälten Holzprügel wertvolles Heizmaterial, z. B. auch für die Köhlerei, lieferten.

Niederwaldwirtschaft in Neckartal und Odenwald

Wie weit verbreitet diese Eichenschälwälder im 19. Jahrhundert waren, zeigt ein Beispiel aus dem hinteren Odenwald: von ca. 3600 ha Waldfläche der Oberförsterei Hirschhorn, zu der auch schon damals Neckarsteinach gehörte, wurden ungefähr 80 % als Niederwald genutzt. Diese 3000 ha teilte man in 15 Jahresschlagflächen ein und die noch einmal in sogenannte Einzellose von einem Morgen Größe. In den Gemeindewaldungen von Hirschhorn und Neckarsteinach sowie in den Staatswäldern der einzelnen Förstereien wurden so jährlich ca. 200 ha Eichenwald geschlagen, das entspricht einem Ertrag von 40 000 Zentnern Rinde und 26 000 Raummetern Schälholz.

Diese Arbeit mußte erst einmal bewältigt werden! Sie erforderte einen Arbeitskräfteeinsatz von 25 000 Tagewerken und das zusammengedrängt auf vier Wochen im Jahr. Für die überwiegende Zahl der 4000 im Bereich der Oberförsterei Hirschhorn und Neckarsteinach lebenden Menschen bot damals ca. 150 Jahre lang der Wald neben der Schiffahrt und der Arbeit in den Steinbrüchen die größte und oft einzige Verdienstmöglichkeit.

Durch die damaligen Forstämter wurde auf Jahre hinaus genau festgelegt, welche Lose im betreffenden Jahr geschlagen werden durften. Je nach Witterung ging dann Ende Februar/Anfang März der jeweilige Waldbesitzer in die abzuerntenden Schläge und entnahm dem Baumbestand fingerdicke Scheiben für die Rindenproben. Diese Baumscheiben wurden liebevoll poliert, durchbohrt und mit den Nummern der einzelnen Lose versehen auf eine Schnur aufgereiht.

Gesamtansicht der Stadt Neckarsteinach mit dem Neckar und den vier Burgen

Zeichnung aus dem späten 18. Jahrhundert (Hessisches Staatsarchiv Darmstadt P 1 Nr. 1276)

Die Zeichnung von einem unbekannten Künstler stammt vermutlich aus dem späten 18. Jahrhundert, denn gerade noch zu erkennen ist die Verlängerung der evangelischen Kirche, die 1778 erfolgte, und deutlich sichtbar ist noch das Schönauer Tor, das um 1825 abgerissen wurde. Auffallend jedoch sind die Kahlschläge auf den Berghängen um Neckarsteinach, auf denen der Eichenwald immer wieder abgehackt wurde, um aus der Eichenrinde die wertvolle Lohe für die Gerberei zu gewinnen

Dann fand im Karmeliterkloster von Hirschhorn unterhalb der Burg die mit Spannung erwartete Rindenversteigerung statt. Aus Heidelberg, Mannheim, Worms und sogar Darmstadt kamen die Gerber mit Kutschen (später mit der Bahn) angereist, ließen die Rindenschnüre prüfend durch die Finger gleiten und gaben ihr Angebot ab. Die Qualität der Eichenrinde richtete sich nach dem jeweiligen Standort, je feiner die Rinde, desto höher der Gerbsäureanteil. Der Meistbietende bekam den Zuschlag und verpflichtete sich damit, an den Waldbesitzer für jeden Zentner abgelieferter Rinde diesen Preis zu zahlen. Um 1860 herum erzielte man Preise zwischen 6,50 und 7,50 Mark pro Zentner Rinde. Der Hirschhorner Rindenmarkt war der größte im ganzen damaligen Reich und an den hier abgegebenen Geboten orientierte sich das gesamte Gerberhandwerk. Es versteht sich, daß ein solch wichtiger Handel für den Ort und die Umgebung ein großes Ereignis, ja geradezu ein Fest darstellte, das bis spät in die Nacht gefeiert wurde.

Als im Neckartal das Rindenklopfen stattfand

Ende März/Anfang April gab es aber noch eine zweite Versteigerung, die für die breite Bevölkerung eigentlich noch größere Bedeutung hatte. Diese fand „vor Ort“, also auf den einzelnen Losen statt und betraf die eigentliche Bearbeitung des Niederwaldes, d. h. das Abhacken, Schälen, Aufbocken und den Abtransport von Holz und Rinde, kurz das „Werben“ genannt. Hier erhielt der Mindestbietende den Zuschlag, also die Familie oder der Bieter, der den Zentner Rinde am billigsten für den Waldbesitzer „warb“. Ein Los erbrachte ca. 50 Zentner Rinde, für die pro Zentner 2 bis 4 Mark gezahlt wurden. Im Grunde spielte man auf diese Art und Weise eine Familie gegen die andere aus.

Wie wichtig diese Versteigerungen für die damalige Bevölkerung war, wird klar, wenn man hört, das derjenige, der den Zuschlag für ein Los bekommen hatte, zwar harte und anstrengende Arbeit leisten mußte, aber auch eine Reihe von Rechten beanspruchen konnte. Ihm gehörte zunächst sämtliches anfallendes Holz (ab 1863 übernahm der Waldbesitzer die Holzprügel und zahlte dafür eine Aufarbeitungsgebühr), außerdem durfte er auf seinem Schälwaldlos zwei Jahre lang Getreide anbauen. Daher kommen die Bezeichnungen „Hackwald“ oder „Unterstützungshackwald“, da für die arme Bevölkerung dieser Anbau eine wertvolle Hilfe in der Ernährung bedeutete.

Waren die Versteigerungen abgeschlossen, wurde zunächst das sogenannte Raumholz (Hasel, Birke, Hainbuche), das während der 15 Jahre wild mitwuchs, herausgeschlagen und für Brennholz verwendet. Dann jedoch, Anfang Mai, wenn die Knospen der jungen Eichen aufsprangen, begann das „Rennekloppe“, das Rindenklopfen. Scharenweise zogen dann die Familien mit Kind und Kegel und Großeltern in den Wald, um vom Morgengrauen bis zum Sonnenuntergang die „Schlacht gegen die grünenden Wälder“ zu schlagen. Die Männer, die „Hauer“, hackten mit einem extra für diesen Zweck von einem Eberbacher Schmied entwickelten Beil die ca. 10–12 cm starken Stämme ab. Dabei kam den glatten Beilhieben eine besondere Bedeutung zu, da nur sie ein gutes Wiederausschlagen des Baumstumpfes garantierten. Die weitere Zerteilung in meterlange Prügel durfte auch mit der Säge geschehen.

Die Frauen, „Kloppstöcke" genannt, übernahmen das Schälen. Hierfür wurde ein stärkerer Eichenpflock senkrecht in den Boden gerammt und auf seinem Kopf mit dem stumpfen Beil so lange auf die Prügel geklopft, bis die Rinde entlang der Kopfnaht aufsprang. Dann konnte mit dem „Schinder", einem 3–4 cm dicken Holzstück, das vorn gekrümmt und etwas angespitzt war (in anderen Gegenden nahm man auch einen Eisenhaken), die Rinde in einem Stück von dem noch elfenbeinfarbenem Holz gelöst und auf einem Rindenbock zum Trocknen aufgestapelt werden. Die Schälprügel wurden auf einen Haufen geworden und hießen jetzt „Klappern", genannt nach dem Geräusch, das sie beim Aufeinanderwerfen verursachten. Vereinzelt ließ man einige Eichen, sogenannte „Lassreitel" stehen, um immer wieder neues Saatgut zu erhalten (Eichen setzen erst im Alter von ca. 80 Jahren Frucht an).

Die „Kloppstöcke" übernahmen das Schälen der Eichenprügel

Die „Hauer“ vor dem Berg von abgehackten Eichenstämmen

Aus Rinde wird Gerberlohe

So wie auch vorher alle Arbeiten unter Aufsicht von Forstbeamten abliefen, so bestimmte auch der Forstmeister den Zeitpunkt des Abfahrens der Rinde, die erst „klapperdürr“ geworden sein mußte. So Anfang Juni fuhren dann schon nachts oft Hunderte von Kuhgespannen (Ochsen konnte man sich nicht leisten) in den Wald, wo bei Sonnenaufgang die Rinde zu je 25 Pfund gebunden, auf die Wagen verladen und zum Wiegen nach Hirschhorn oder auch Neckarsteinach gebracht wurden. Die Rindenwaage war so groß, daß immer ein ganzer Wagen vollbeladen und auf dem Rückweg wieder leer gewogen werden konnte. Am Neckarlauer kamen die Rindenbündel entweder zuerst in die Rindenschuppen oder wurden noch am selben Tag mit Schiffen und später auch mit der Bahn abtransportiert. In Hirschhorn sind diese Schuppen, die sich entlang der alten Stadtmauer hinzogen, alle dem Bau der großen Straße zum Opfer gefallen. In Neckarsteinach ist eine Rindenscheuer aus dem 18. Jahrhundert mitten in der Stadt erhalten geblieben. In ihr konnte die heimische Rinde luftig zwischenlagern, bevor sie in Lohmühlen zu Gerberlohe gemahlen wurde. Bezeichnungen wie „Gerbergasse“ oder die 1978 abgerissenen Lederfabriken in Neckarsteinach und Schönau zeugen von dem einst blühenden Gewerbe.

Nachdem man in der Zwischenzeit auch das Schälholz aus dem Wald geschafft hatte, konnten die abgeernteten Flächen „überlandgebrannt“ werden. Um eine Feuerlawine zu verhindern, geschah dies unter der strengen Kontrolle der

Forstleute in kleinen Abschnitten immer von Berg zu Tal und auf jeden Fall vor dem 20. Juni, um die jungen Austriebe an den Eichen nicht zu schädigen. Jeder Waldbesitzer und jeder Loswerber hatte dazu mindestens einen Mann als eine Art Feuerwehr abzustellen. Die Asche des somit beseitigten Reisigs düngte den Boden für den anschließenden Feldbau.

In die umgehackten Flächen wurde Buchweizen, das sogenannte „Heidekorn" eingesät, das schon Ende September wieder geschnitten werden konnte („an Johanni gesät und zu Michael geerntet"). Das leicht grünliche Mehl lieferte die Grundlage für das Lokalgericht „Grüne Pfannkuchen" oder „Semmede". Im gleichen Herbst noch wurde Roggen „eingeschuppt", der im August des nächsten Jahres nur mit der Sichel geerntet werden durfte, (Schutz gegenüber den jungen Eichentrieben). Die im selben Frühjahr außerdem noch gesetzten Eicheln verhinderten ein Überhandnehmen der alten Eichenstöcke, die man 4–5mal, also über einen Zeitraum von ca. 60 Jahren hinweg, neu ausschlagen ließ. Dann kehrte für 15 Jahre Ruhe auf den Losflächen ein, und diese Ruhe, verbunden mit dem reichen Nahrungsangebot der Hackwälder, schufen einen idealen Lebensraum für alle Wildarten, besonders auch für die heute aus unseren Wäldern völlig verschwundenen Birk-, Hasel- und Rebhühner.

Letzter Rindenmarkt 1910

Mit Beginn des 20. Jahrhunderts gingen die Gewinne aus der Niederwaldbewirtschaftung immer mehr zurück. Die Konkurrenz billigerer Importrinde, die Einführung synthetischer Gerbstoffe und die stärker werdende Verwendung von Kohle zu Heizzwecken verdrängten langsam das traditionelle Rindenklopfen. Der letzte große Rindenmarkt in Hirschhorn fand 1910 statt. Die Eichenschälwälder verschwanden nach und nach, und andere Holzarten wie anfangs Kiefern, später Fichten und Lärchen und in jüngster Zeit Douglasien traten an ihre Stelle. Dort, wo man die Eichen stehen ließ, ist heute schöner Eichenhochwald entstanden. Nach dem Ersten Weltkrieg verlor der Schälwaldbetrieb seine große Bedeutung, jedoch wurden noch bis 1940 30 Prozent der Hirschhorner Waldflächen für diese Art der Bewirtschaftung genutzt. Heute ist der Niederwald bei uns völlig verschwunden; doch das Besondere dieser so gewonnenen Gerbsäure erweist sich daran, daß auch heute noch Leder für besondere Zwecke, z. B. für die Orthopädie, mit natürlicher (importierter) Eichenlohe gegerbt wird.

Die alte Bliggergasse

Im September 1986 wurde die Bliggergasse, wahrscheinlich die älteste „Straße" in der Vierburgenstadt, nach ihrer vollständigen Renovierung in einer kleinen, volkstümlichen Feierstunde von Bürgermeister Kollerer an die Anlieger und die gesamte Bürgerschaft übergeben. Auf dem kleinen, intim und traulich anmutenden Platz beim hinteren Teil der spätgotischen evangelischen Kirche – im Volksmund auch „Molkenkur" genannt – hatte die Stadt Tische und Bänke aufgestellt, städtische Bedienstete servierten Bier, Wein und Vesperbrote, und die „Musikfreunde" spielten zünftige Blasmusik.

Das sogenannte „Rauchhaus" in der alten Bliggergasse, die auch „Saigäßl" genannt wurde, weil hier bis 1900 der Schweinehirt wohnte

„Bligger“ war einer der häufigsten Vornamen des Neckarsteinacher Rittergeschlechts, deren berühmtester Vertreter Minnesänger Bligger II. der Stadt zu ihrem Harfenwappen verhalf. Die nach ihm benannte Gasse zieht sich unterhalb der Vorderburg von der Hauptstraße den Burgberg hinauf bis zum höchsten Punkt der Bebauung und dann wieder abwärts zur ebenfalls historischen Kirchenstraße. An ihr liegen auch die ältesten Häuser der Stadt, die zum größten Teil noch auf ihre Sanierung warten.

Das als eines der ältesten Gebäude der Bligger- oder auch Burggasse angesehene Haus Nr. 4/6 stammt aus dem Jahre 1542 und gehört zu den wichtigen Beispielen von Fachwerk-Bürgerhäusern in der Odenwald-Region. Es wurde vom heutigen Neckarsteinacher Stadtbaumeister Gerhard Dittmar während seiner Studienzeit vollständig vermessen und ist in dem von Dr. Heinrich Winter verfaßten Buch „Das Bürgerhaus zwischen Rhein, Main und Neckar“ wegen seiner nur wenig veränderten Innenstruktur beschrieben als „wertvolles Dokument für unsere Kenntnis vom Wohnen und Leben des einfachen Bürgers einer kleinen Stadt im Zeitalter der Reformation“.

Der große Gewölbekeller wird heute von einer benachbarten Gaststätte benutzt. Die beiden Stockwerke gehören zwei verschiedenen Familien und es wurde auch ursprünglich als Zweifamilienhaus gebaut, was noch deutlich daran zu erkennen ist, daß es in jedem Stockwerk eine Küche mit je einer offenen Feuerstelle ohne Kaminhaube und Kamin gab. Das bedeutet, daß das Gebäude noch als sogenanntes „Rauchhaus“ gebaut wurde, bei dem der Rauch der offenen Feuer sich im Dachstuhl sammelte und langsam über die Dachgiebelfenster oder eine dichte Strohdeckung ins Freie drang, was noch heute an der Schwärzung der Dachbalken zu sehen ist.

Im Haus Nr. 15, neben der evangelischen Kirche, glaubt das Denkmalamt aber noch ältere Bausubstanz als im „Rauchhaus“ entdeckt zu haben. Zumindest der Kern und Teile des Dachstuhls könnten noch aus spätgotischer Zeit stammen; vielleicht wird die noch ausstehende Sanierung genauere Daten erbringen.

Die Neupflasterung der Gasse erfolgte 1986 zwar mit einem modernen, aber sandsteinartigen und vom Denkmalamt genehmigten Stein. An den Rändern wurde auch noch das alte Kopfsteinpflaster verwendet. Besonders die Umgebung um die evangelische Kirche und der Aufgang zur Vorderburg haben durch die Renovierung ein völlig neues Aussehen bekommen, und der Blick über den Kirchhofsplatz zur katholischen Kirche bietet seitdem ein wunderschönes Bild. Unter den Pflastersteinen wurden sowohl die fast 100 Jahre alte Wasserleitung sowie die Kanalisation erneuert und erweitert als auch neue Stromleitungen gelegt. Die neuen Laternen entsprechen dem Altstadtcharakter, zahlreiche Pflanzflächen lockern die Straßenführung auf und begrünen inzwischen die Häuser- und Mauerwände.

Etliche Anwohner beteiligten sich damals an der Sanierung und ließen ihre Garageneinfahrten und Treppenaufgänge nach einem vom Architektenbüro Gallwitz aufgestellten Plan mitgestalten. Es wäre schön, wenn auch noch die übrigen Anwohner die vor Jahren an ihren Häusern vorgenommenen „Modernisierungen“ – wie Eternit- und Fliesenverkleidungen sowie Plastikdächer – zugunsten altstadtgerechter Materialien entfernen würden.

Häuser am Bachweg

Nostalgisch möchte man werden, wenn man bei einem kleinen Spaziergang durch Neckarsteinach die mit reichem Blumenschmuck herausgeputzten kleinen Häuschen Nr. 15, 16, 17, 18 aus dem 18. Jahrhundert im Bachweg gleich neben der Steinach entdeckt. Wegen der ständigen Hochwassergefahr (der höchste Wasserstand im Jahre 1889 ist mit einer Markierung von 1,40 m Höhe an einem Türrahmen im Erdgeschoß festgehalten) haben die Häuser keine Unterkellerung und im Erdgeschoß nur Abstellraum, Bad und WC, im ersten Obergeschoß Wohnzimmer und Küche sowie im zweiten Obergeschoß zwei kleine Schlafräume und Speicher.

Das kleinste der vier Häuser, Nr. 17, hat nur eine Gebäudefläche von 39 m^2 und außerdem die Besonderheit, daß im ersten Obergeschoß der Fußboden an der Vorderseite um einen halben Meter tiefer liegt als an der Rückseite. Das bedeutet, daß man hier immer bergauf und bergab gehen muß und die Möbel nur durch angepaßte Unterbauten gerade gestellt werden können. Vermutlich war dieser Boden früher einmal das Dach des Hauses und wurde bei der Aufstockung nicht ausgeglichen.

Bei dem danebenstehenden Haus Nr. 16 gehört der größte Teil des Obergeschosses dem Nachbarn aus Haus Nr. 15 und hat auch nur von dort seinen Zugang. In einem der Häuser wohnte bis nach dem Krieg der Holzschnitter Lauer, der mit seiner großen Holzschneidemaschine von Haus zu Haus zog, um das Feuerholz für den Winter in handliche Stücke zu schneiden.

Ein Foto aus dem Jahre 1920 zeigt, daß sich die „stillen Örtchen" der Häuser früher auf der gegenüberliegenden Straßenseite zwischen kleinen Gemüsegärtchen und Hühnerställen direkt an der Steinach befanden und offenbar auch gleich dort hinein „entwässerten". Spätestens seit den 60er Jahren aber haben alle Häuser ihre eigenen sanitären Anlagen.

Die auf dem alten Foto erkennbare Baulücke zwischen dem Haus Nr. 17 und 18 wurde nach dem Krieg mit Wohnraum und einem schönen Balkon aufgefüllt. Das ganz vorne links sichtbare Haus Nr. 19 wurde 1990 für die Erweiterung der Schönauer Landstraße abgerissen. Es war das letzte Überbleibsel eines ursprünglich hier vorhandenen Bauernhofes, der aber vor mehr als 110 Jahren zunächst dem Bau der Eisenbahnlinie und dann der neuen Schönauer Straße, die ja vorher durch die Kirchenstraße und das Schönauer Tor führte, weichen mußte. Nach dem Abriß dieses Hauses konnte auch das schöne Fachwerk des Hauses Nr. 18 freigelegt werden.

Ein Juwel der Fachwerkkunst

Die alte Jugendherberge wurde unter Aufsicht des Denkmalschutzes renoviert

Eines der ältesten und schönsten Häuser Neckarsteinachs erstrahlt seit 1981 wieder in altem, neuen Glanz. Mit erheblichem Kostenaufwand und unzähligen Stunden harter Eigenarbeit wurde die ehemalige Jugendherberge am Rathausplatz vom neuen Eigentümer Emil Bock und seiner Familie in ein „mittelalterliches" Restaurant umgewandelt. Mit dem Umbau dieses alten Patrizierhauses erhielt die Vierburgenstadt nicht nur ein neues kulinarisches Angebot, sondern vor allem ein vorbildlich restauriertes Juwel spätmittelalterlicher Fachwerkkunst, das die Blicke aller Besucher auf sich zieht.

Über dem gewölbten Kellereingang kann man das Baujahr 1587 lesen, und darüber auf einem Balken ist auch der Erbauer verewigt: „STEPHAN SCHROTH, DERZEIT AMBTMAN ZU HIRSCHHORN UND MARIA URSULA BOLERIN, SEINE EHELICHE HAUSFRAW". Zu jener Zeit hatten die Burgherren von Hirschhorn gewisse Lehensrechte in Neckarsteinach und der „AMBTMAN STEPHAN SCHROTH" erledigte deren Amtsgeschäfte. Aus diesem Grund wird das Gebäude auch heute noch das „Amtsgebäude" genannt und das neue Restaurant hat den Namen „Zum Ambtman" erhalten.

Eine wechselvolle Geschichte erlebte das einst in mehreren Etappen gebaute stattliche Haus, das mit seiner Rückwand unmittelbar an die alte Stadtmauer grenzt und das nun schon über 400 Jahre alt ist. Vom 17. Jahrhundert an war hier mehr als 200 Jahre lang die Thurn- und Taxis'sche Postverwaltung untergebracht, die damals fast das gesamte Postwesen beherrschte. Der letzte Post-Expeditor war der Neckarsteinacher Gemeindeeinnehmer Johannes Groh, dessen Bestallungsurkunde von 1858 noch erhalten ist.

Mit Beginn des 20. Jahrhunderts zog dann ein Betrieb für künstliche Blumen in die inzwischen stark veränderten Räume. 1934 wurde das Gebäude Eigentum der Stadt und bis 1972 als Jugendherberge genutzt. Mit dem Tod der letzten Herbergsmutter Agnes „Trutzel" endete auch diese Phase in der bewegten Geschichte des ehrwürdigen Amtshauses. Sechs Jahre lang diente das denkmalgeschützte Haus dann verschiedenen Vereinen als Lagerraum, bis es gelang, einen Neckarsteinacher Gastronomen mit einem günstigen Preis für das innen völlig verwahrloste Anwesen zu interessieren.

Unter erheblichen Auflagen des hessischen Denkmalamtes (an der Vorderfront des Hauses durfte nichts verändert werden) und unter ständiger Kontrolle des Denkmalpflegers Dr. Lickes machte sich Emil Bock daran, die Patina von vier Jahrhunderten abzutragen. Bis zu 20 Zentimeter dicke Putzschichten, die das innere Fachwerk total überdeckten und bis zu zwölf Schichten Farben auf den Türen und Fensterrahmen mußten abgeklopft und entfernt werden. In Wolken von Staub arbeiteten der Wirt und seine Angehörigen mehr als zwei Jahre lang und füllten dabei 60 große Container mit dem Abfall der Geschichte. Gerade am Anfang war man oft nahe daran aufzugeben. Mit Hilfe von fachkundigen

Das Restaurant „Zum Ambtman"

Handwerkern wurden Elektroleitungen hinter Balken versteckt, Heizungsrohre im Fußboden verborgen und neue sanitäre Einrichtungen im Erdgeschoß installiert.

Die mühselige Knochenarbeit hat sich gelohnt: Entstanden ist ein Fachwerkbau, innen und außen aus einem Guß und doch ausgestattet mit modernstem Wohnkomfort. Die vier Restaurant-Stuben sind mit freistehenden Balken voneinander abgetrennt. Die Farben der Balken und Wände entsprechen der Art, wie man sie auf der untersten Schicht von 1587 vorgefunden hat. Auch das Ochsenblutrot der Balken an der Vorderfront und die grünen Türen gehen auf den Ursprungszustand zurück. Kleines Zugeständnis an die moderne Zeit: Die neuen Butzenscheiben sind mit Doppelverglasung ausgestattet. Im Obergeschoß hat der neue Eigentümer für sich und seine Familie eine stilgerechte Wohnung eingerichtet. Ein altes Haus wurde wieder mit jungem Leben erfüllt.

Das Neckarsteinacher Rathaus

1840 wurde das Neckarsteinacher Rathaus nach fünfjähriger Bauzeit und Plänen von Georg August Lerch fertiggestellt. Es ist mindestens schon das dritte, vielleicht schon das vierte Ratsgebäude der Vier-Burgen-Stadt, denn urkundlich belegt wird bereits 1381 ein Fachwerkbau.

Nach einem im Hause Ecke Bahnhofstraße und Gerbergasse vermauerten Stein soll angeblich schon 1591 ein Neubau entstanden sein; ganz sicher aber wurde 1751 ein Rathaus gebaut, das jedoch schon 1833 oder 1834 einem Brand zum Opfer fiel.

Das Neckarsteinacher Rathaus am Beginn der historischen Kirchenstraße

Dieses Feuer, beziehungsweise seine angebliche Ursache, ist noch heute für Alteingesessene Grund zum Schmunzeln, denn nach übereinstimmender Überlieferung trug sich folgendes zu: Der damalige Gemeindediener entdeckte bei einem Rundgang ein Wespennest im Dachstuhl des Ratsgebäudes. Mit einer brennenden Kerze versuchte er, die gefährlichen „Wefzen" auszuräuchern, und setzte dabei nicht nur das Nest, sondern auch das Dach und schließlich das gesamte Haus in Brand. Seit dieser Zeit haben die Neckarsteinacher ihren Spitznamen weg, bis heute werden sie von den Nachbargemeinden „die Wefzen" genannt."

Bei dem verheerenden Feuer wurden auch viele Aktenbestände und ein Teil des Archivs vernichtet, so daß kaum noch Urkunden aus früherer Zeit vorhanden sind.

Leider gibt es keine Überlieferungen über das Aussehen des verbrannten Gebäudes. Das neue Rathaus erhielt ein kleines Türmchen auf dem Dach, in dem bis heute die Feuerglocke hängt, die über 100 Jahre lang die Einwohner der Stadt und später die Freiwillige Feuerwehr im Notfall zu Hilfe rief.

Im übrigen ist das Gebäude ein in seiner Einfachheit eindrucksvolles klassizistisches Bauwerk aus der Schule Georg Mollers. Von drei Seiten führen Freitreppen in einen Arkadengang, dessen erst 1965 wieder freigelegte Sandsteinmauern beliebter Hintergrund für Hochzeitsfotos sind. Im Vordergrund gibt es zwei halbrunde Brunnen mit Löwenmasken, die früher der allgemeinen Wasserversorgung dienten, aber auch heute noch mit ihrem reinen Leitungswasser so manchen Touristen erfrischen. Darüber sind die Namen derjenigen Neckarsteinacher festgehalten, die am Kriege 1870/71 teilnahmen.

Das Innere des Rathauses zeigt trotz mehrfacher Umbauten im wesentlichen noch die ursprüngliche Einteilung mit klarer Symmetrie vor allem im Erdgeschoß. Beim letzten größeren Umbau 1965 wurde allerdings erst die bis dahin noch immer benutzte, vergitterte Gefängniszelle im hinteren Erdgeschoß abgeschafft. Hier befindet sich heute die Finanzabteilung!

Verändert wurde 1965 auch das Aussehen des sich im Obergeschoß befindenden schönen Bürgersaals. Der damals verputzte und mit allegorischen Malereien versehene große Raum mit Balkon zur Straße erhielt eine Holzvertäfelung und vom heimischen bekannten Künstler Valentin Feuerstein entworfene Fensterbilder. Die Kosten wurden von den Neckarsteinacher Vereinen getragen. Hier finden die Stadtverordnetenversammlungen statt, werden kleine Feiern abgehalten und Gäste empfangen.

Das daneben liegende bescheidene Bürgermeisterzimmer hat auch schon viele Besucher erlebt. Einer aber war nicht willkommen, weil äußerst anrüchig: Als nämlich 1945 aus Not in der Stadt viele Geißen gehalten wurden, gab es auch eine städtische Geißbockhaltung bei der alten Turnhalle. Als dieser Bock damals seinen Pflichten nicht mehr nachkommen wollte, der damalige sparsame Bürgermeister Schmitt aber sich weigerte, einen neuen anzuschaffen, brachte der wütende Geißbockhalter das Tier kurzerhand bis in das damals noch im Erdgeschoß liegende Amtszimmer. Es soll dann sehr bald Geld für einen fleißigeren Nachfolgerbock vorhanden gewesen sein.

Freiwillige Feuerwehr Neckarsteinach

Ein lederner Wassereimer mit der Jahreszahl 1854 ist das älteste noch vorhandene Zeichen für eine gemeinschaftliche Bürgerhilfe bei Feuer- und Wassernot in Neckarsteinach. Die gegenseitige Unterstützung bei Bränden war sicher auch vorher schon selbstverständlich, doch erste schriftliche Aufzeichnungen über eine Brandschutzordnung im damaligen Kreis Heppenheim und damit auch für Neckarsteinach liegen erst ab 1870 vor. Sie beschreibt in zahlreichen Paragraphen Anweisungen über die Alarmgebung, die Instandhaltung der Löschgeräte, die Aufgaben der Mannschaften und setzte die Stärke der Wehr für die Vierburgenstadt – bei damals 1380 Einwohnern – auf 82 Mann fest. Es waren überwiegend Freiwillige, die sich durch Handschlag gegenüber dem Bürgermeister für 3 Jahre zu „treuer Diensterfüllung“ verpflichteten. 1877 schuf Landgraf Ludwig IX. die erste Hess. Brandversicherung für Gebäude und zwang damit jede hessische Gemeinde zur Einrichtung einer Pflichtfeuerwehr.

Ein verheerender Großbrand in der heutigen Neckarstraße und der offenbar nicht ausreichende Einsatz der damaligen Pflichtfeuerwehr führte 1895 dann zur Gründung einer Freiwilligen Feuerwehr mit anfangs 53 Mitgliedern, die sich den Wahlspruch setzten: „Gott zur Ehr, dem Nächsten zur Wehr“ und „Einer für Alle und Alle für Einen“. Bis 1910 hielt sich noch der Brauch, daß jungvermählte Ehepaare bei der standesamtlichen Trauung einen Feuerlöscheimer stifteten und damit offiziell zu Bürgern der Stadt erklärt wurden.

Viel Engagement und Mut mußten die Männer der Feuerwehr in den folgenden Jahren bei zahlreichen Großeinsätzen beweisen, von denen der Brand von mehreren Häusern im Bachweg 1900 und 1921, die verheerenden Feuersbrünste in den Lederwerken 1909 und 1935, das vollständige Abbrennen des alten Schulhauses 1900 und die weitgehende Zerstörung des Gasthauses „Schiff" 1930 die spektakulärsten Ereignisse waren. Darüber hinaus gab es immer wieder große und kleine Waldbrände und Anfang der 70er Jahre durch statische Elektrizität selbstentzündete Feuer in der „Odenwald-Chemie".

Gerade diese letzten Brände machen deutlich, daß sich die Feuerwehrleute über das Löschen mit Wasser hinaus ständig neue Kenntnisse, z. B. über chemische Feuerbekämpfung, aneignen mußten. Dies geschieht schon seit vielen Jahren in regelmäßigen Fortbildungskursen und praktischen Übungen.

Die Lage am unberechenbaren Neckar bringt es mit sich, daß Neckarsteinach nicht nur vom Feuer, sondern oft mehrmals im Jahr auch vom Hochwasser bedroht wird. Hier leistet die Freiwillige Feuerwehr seit Beginn ihres Bestehens wertvolle Hilfe durch Warn- und Räumdienste, nächtelange Beobachtungsposten, Leerpumpen von Kellern und sogar Auspumpen von Schiffen, die an den Felsen im Fluß leckgeschlagen wurden. Lebensgefährlich gerieten manchmal die Einsätze, wenn an den hohen Steinbrüchen im Bereich der Burgen leichtsinnige Kletterer aus selbstverschuldeter Bergnot gerettet werden mußten.

Seit 1971, als noch 17 Brände zu bekämpfen waren, haben sich die Einsätze der Wehr immer mehr auf zwei weitere Bereiche verlagert: das Beseitigen von ausgelaufenem Öl aus Kellern, von der Straße und aus dem Neckar sowie das Bergen von verunglückten Personen und Fahrzeugen auf der stark befahrenen Bundesstraße 37.

Die immer umfangreicher werdenden Aufgaben der Feuerwehr und ihre unentbehrliche Hilfeleistung wurden von den städtischen Gremien frühzeitig erkannt und durch die Bereitstellung von modernen Geräten und Fahrzeugen unterstützt. Die starke Verbundenheit der Bevölkerung zu „ihrer" Wehr kam auch in dem großen Spendenbetrag von 97 000 DM zum Ausdruck, der in den Jahren 1981–83 für die Anschaffung eines hochleistungsfähigen Tanklöschfahrzeuges gesammelt wurde.

In den Jahren 1986–87 erfolgte die Einführung der „stillen Alarmierung", d. h. bis heute konnten 25 Kameraden mit mobilen Funkmeldeempfängern (Piepsern) ausgerüstet werden, was ein noch schnelleres Eintreffen am Einsatzort ermöglicht. Wegen Nachwuchsmangels mußte 1987 der Spielmannszug seine Tätigkeit einstellen, und der langjährige Wehrführer Gerhard Dittmar gab die Führung der Einsatzabteilung an jüngere Kräfte ab.

Die Zahl der Feuerwehreinsätze stieg seit 1988 sprunghaft von durchschnittlich 30 auf 50 an, wobei nur noch zu 20 % Brände zu löschen sind und alle anderen Einsätze sich auf häufig sehr aufwendige technische Hilfeleistungen bei Hochwasser, Verkehrs- und Ölunfällen sowie Sturm beziehen. Die ständig steigende Zahl von Einsätzen bei Verkehrsunfällen mit eingeklemmten Personen macht 1992 die Anschaffung eines Vorausgerätewagens notwendig, und außerdem muß das inzwischen 20 Jahre alte Löschfahrzeug durch ein neues ersetzt werden.

Wenn auch die Unterkunftsverhältnisse im Feuerwehrgerätehaus sich im letzten Jahr etwas gebessert haben, so kann doch von einer optimalen Unterbringung und Ausrüstung der Neckarsteinacher Freiwilligen Feuerwehr noch längst nicht gesprochen werden, was auch zu Nachwuchsmangel in diesem immer noch ehrenamtlichen und viel Engagement fordernden Dienst führt. Heute umfaßt der Neckarsteinacher Feuerwehrverein, der 1995 seinen 100. Geburtstag feiern kann, eine 28 Mann und Frau starke Einsatzabteilung, 16 Jugendfeuerwehrkameraden/innen, eine Alters- und Ehrenabteilung und ca. 250 passive Mitglieder.

Umbau des alten Schönauer Hofs in ein Seniorenwohnheim

Nach mehreren mühevollen Jahren der Planung, der kontroversen Diskussionen im Stadtparlament und Kämpfen um die Finanzierung konnte im Juli 1984 der historische „Schönauer Hof" in der Kirchenstraße nach völliger Renovierung neu eingeweiht werden. Die im Verzeichnis der Kunstdenkmäler des Landes Hessen aufgeführte „stattliche Anlage aus drei Wohngebäuden und Scheune um einen unregelmäßigen Hof" wurde mit Mitteln des Landes Hessen, des Kreises Bergstraße und der Stadt Neckarsteinach mit einem Kostenaufwand von ca. 1,78 Mio. DM in ein Altenwohnheim mit 13 Wohneinheiten und Gemeinschaftsräumen umgebaut.

Der größte Teil des Gebäudekomplexes stammt aus dem 15. Jahrhundert. Es darf vermutet werden, daß er seinen Namen dem Umstand verdankt, daß er vielleicht für eine gewisse Zeit eine Niederlassung des Zisterzienserklosters Schönau war und hier die Waren gelagert wurden, die per Schiff in Neckarsteinach ankamen und weiter nach Schönau transportiert werden mußten.

Vorher aber könnte er den Neckarsteinacher Rittern gehört haben, denn Bligger XIV. selbst weist in seiner Chronik darauf hin, daß er nach seiner Heirat mit Mia von Helmstadt – die auch die bisher ihrem Onkel Wiprecht von Helmstadt gehörenden Besitzrechte an der Vorderburg mit in die Ehe brachte – zunächst für drei Jahre *„in meinem hoff bey der kirchen wohnen"* mußte, bis die verkommene Vorderburg, später auch Landschadenburg genannt, wieder bewohnbar gemacht worden war. Mit diesem „hoff" kann eigentlich nur der Schönauer Hof gemeint worden sein.

Der von der Stadt im April 1980 für 300 000 DM erworbene Hof drohte zu verfallen, weil die früheren Besitzer nicht in der Lage waren, die doch erheblichen finanziellen Mittel aufzuwenden, die für die Sanierung des in seiner Bausubstanz schon stark beschädigten, umfangreichen Gebäudeensembles nötig waren.

Vier Ziele, so der damalige Bürgermeister Josef Kollerer in seiner Rede beim Richtfest im Mai 1983, sollten mit dem Erwerb und dem Umbau der Anlage erreicht werden: Einmal die Rettung des denkmalgeschützten Hofes selbst, damit verbunden die Erhaltung des mittelalterlichen Stadtbildes inmitten der Altstadt und im Bereich der beiden Kirchen sowie des Kirchenbrunnens, die sinnvolle Nutzung eines historisch gewachsenen Gebäudes und die Schaffung von altengerechten Wohnungen, für die, wie die lange Anmeldeliste beweise, ein großer Bedarf bestehe. Er freue sich, ein Stück des unverwechselbaren Bildes der Vierburgenstadt erhalten und an Kindeskinder weitervererben zu können, schloß der Bürgermeister seine damalige Rede.

Die bei Beginn der Umbaumaßnahmen vorgefundene Substanz der Anlage machte zunächst umfangreiche Entkernungsarbeiten notwendig, die Dachkonstruktion der drei Häuser mußte erneuert und mit Biberschwanzziegeln neu eingedeckt werden. Aus Sicherheitsgründen wurden im Innern massive Trep-

Der schöne Kirchenbrunnen von 1790 vor der restaurierten Fassade des Schönauer Hofes

penhäuser und Trennwände für die Wohnungseinteilung eingezogen. Das überputzte Fachwerk auf den Fassadenflächen wurde freigelegt und einzelne Fachwerksteile ausgewechselt. Die alte Scheune konnte allerdings nicht mehr gerettet werden und an ihrer Stelle wurde ein grundrißgetreuer, sich dem Gesamtbild angleichender Neubau mit tragendem Fachwerk errichtet. In den so sanierten historischen Häusern fanden 13 Wohnungen Platz, die zwischen 37 und 76 Quadratmeter groß sind und ein modernes Bad und eine eingerichtete Küche haben.

Originalgetreu wiederhergestellt wurden auch die vom Hof abgehenden Durchbrüche zu den Nachbargrundstücken, wie z. B. das „gotische Tor"; und der unregelmäßige, von den Fachwerkhäusern, dem Eingangsportal und einer Mauer umschlossene Hof selbst, stellt heute – mit Bänken und Blumen ausgestattet – eine Oase der Ruhe und einen idealen Treffpunkt der Mieter inmitten der Neckarsteinacher Altstadt dar.

Erstes historisches Straßenfest in der Kirchenstraße

Die Fertigstellung des mittelalterlichen Gebäudeensembles nach knapp zweijähriger Bauzeit wurde zunächst Ende Mai 1984 mit einem „Tag der offenen Tür" und nach dem Einzug der Mieter Mitte Juli mit der feierlichen Schlüsselübergabe und dem ersten „Historischen Markttreiben" in der Kirchenstraße gefeiert. Ein buntes Gewimmel von Aktivitäten zog einen nicht endenden Strom von Besuchern an, zwischen die immer wieder die historischen Kostüme von Knappen, Marketenderinnen und Burgfräuleins bunte Tupfer setzten. Vorführungen traditionellen Brauchtums und vieles mehr ließen diese von der Stadt inszenierte Veranstaltung zu einem vollen Erfolg werden.

Der Kirchenbrunnen von 1790 unmittelbar vor dem Hoftor des „Schönauer Hofes" war Schauplatz der Eröffnung des „Markttreibens" durch den Bürgermeister, der sich über die „Revitalisierung des Altstadtbereichs" freute. Bald herrschte ein dichtes Gedränge in der von zwei großen Modellen der Neckarsteinacher Burgen und zahlreichen Ständen gesäumten Kirchenstraße. Der „Mann mit dem Aff", ein Leierkastenmann und ein Burgfräulein begrüßten die Besucher. Neben allen Arten von Speisen und Getränken, bei denen auch eine Bauernküche und eine Meierei nicht fehlten, konnte man historische Fotos und Stiche von Neckarsteinach erstehen, sich mit einer alten Spindelpresse Medaillen mit dem Motiv der Vierburgenstadt drucken lassen, Puppen aus Naturstoffen und andere Handarbeiten kaufen oder im Trödel- und Buchstand stöbern. Dicht belagert war ständig die improvisierte Kegelbahn, deren Erlös später der weiteren Einrichtung des Aufenthaltsraums der Senioren zufloß.

Zwischendurch gab es immer wieder musikalische Darbietungen von den „Musikfreunden 1957", dem „Blasorchester Vierburgenstadt", den Jagdhornbläsern und dem Evangelischen Bläserchor. Im Gemeinschaftsraum des Schönauer Hofes und im Lutherhaus waren gemütliche Cafés eingerichtet und der Innenhof des umgebauten Gebäudekomplexes diente als idealer Schauplatz von traditionellem Brauchtum: Da tanzte unter dem begeisterten Beifall der Zuschauer die zur Hälfte aus Kindern bestehende Heimatbühne Schönau zu den Klängen ihrer Trachtenkapelle traditionelle Trachtentänze aus dem Odenwald und dem Steinachtal. Bei bengalischem Licht trieben abends die „Tanzenden Hexen“ aus Hirschhorn ihr lustiges Unwesen und die Folkloregruppe aus Neckarsteinach mußte ihren von Ruth Neuhäuser einstudierten Blatschtanz aus dem Steinachtal gleich zweimal vorführen.

Viel belacht wurden auch die Männer der Freiwilligen Feuerwehr, die, „goldbehelmt“ und von Hornist und Trommel angekündigt, eine alte Saug- und Druckpresse von 1911 durch die Straßen zogen und das Wasser des Kirchenbrunnens per Handkraft – unterstützt vom Bürgermeister und von „Weibern“ – durch die Gegend spritzten. Zum abendlichen Abschluß erschien dann doch tatsächlich noch hoch zu Roß und in Ritterrüstung der Ritter Wolfgang mit seiner Burgfrau Beate aus der Stadt Gemundi (Ehepaar Linke vom Hotel „Ritter“ in Neckargemünd), um die Glückwünsche des Nachbarortes zu überbringen. Sie wurden mit „ehrfurchtsvollem Gruß“ und einem „Kelch mit erfrischendem Tranke“ empfangen, und gezecht und gelacht hat man bis in den späten Abend.

Der Schönauer Hof zu Beginn der Bauarbeiten

Der Schönauer Hof nach seiner Sanierung

Umbau des historischen Gasthauses „Zum Schwanen“ in ein Bürgerhaus

In Neckarsteinach ging am 19. April 1988 ein langgehegter Traum in Erfüllung: Die Vierburgenstadt bekam ein Bürgerhaus. Mitten in der Altstadt, ganz nahe am Neckar, entstand aus dem 200 Jahre alten Gasthaus „Zum Schwanen“ nach 18 Monaten Umbauzeit ein mit neuestem Komfort ausgestattetes Mehrzweck-Haus für die Bürger, dessen besonderer Reiz in der Kombination von alter, barocker Fassade und zeitgemäßem, lichtem Inneren besteht.

Ein Gasthaus „Schwan“ wird an dieser Stelle schon 1572 erwähnt. Es lag damals außerhalb der Stadtmauer und brauchte deshalb kein „Ungeld“ und keine Branntweinsteuer zu entrichten wie die innerhalb der Stadt liegenden Wirtshäuser „Adler“, „Hirsch“ und „Harfe“. Es gibt auch Hinweise darauf, daß hier schon sehr früh Bier gebraut wurde. Das barocke Nachfolgegebäude von 1777 (und weitere Anbauten von 1846) hatte bereits einen stattlichen Saal und war bis 1975, dem Bau der großen Vierburgenhalle, häufig Schauplatz örtlicher Feste.

Nach dem Ersten Weltkrieg avancierte der im Hessischen liegende „Schwanen“ für längere Zeit zum beliebten Pauklokal für schlagende Verbindungen Heidelberger Studenten, da im benachbarten Baden der „Zweikampf mit tödlichen Waffen“ verboten war. Einer der berühmtesten Gäste jener Zeit war der Schauspieler Heinrich George, der während seiner Aufenthalte in Heidelberg in den Jahren 1927 bis 1934 im „Schwanen“ manch feucht-fröhliches Zechgelage abhielt.

Bereits 1968 wurde das Gasthaus zusammen mit dem dazugehörenden „Schwanengarten“ von der Stadt erworben, schon damals mit der Absicht, ein Bürgerhaus oder eine ähnliche Einrichtung darin zu schaffen. Aber erst das 1986 kurzfristig aufgelegte Sonderprogramm des Bundes und der Länder zur Sanierung denkmalgeschützter, gemeindeeigener Objekte eröffnete der Stadt die finanzielle Möglichkeit, diesen Traum zu verwirklichen. Das bereits durch andere Voruntersuchungen mit den Gegebenheiten Neckarsteinachs vertraute Architektenbüro Gallwitz und Partner in Oberursel war in der Lage, in kurzer Zeit die Pläne zu erstellen, die Stadtverordnetenversammlung genehmigte nach heißen Diskussionen Ausführung und Finanzierung, so daß im September 1986 mit den Bauarbeiten begonnen werden konnte.

Doch der Umbau des barocken Gebäudes, das im Verzeichnis der Kunstdenkmäler des Landes Hessen aufgeführt ist, gestaltete sich schwieriger als angenommen. Es zeigte sich, daß die Bausubstanz des historischen Teils viel schlechter war als erwartet. Decke um Decke, Wand um Wand fiel zusammen oder mußte wegen Brüchigkeit abgerissen werden. Auch nur ein kleiner Teil der eichenen Deckenbalken, die vorher noch mit Heißluft gegen den starken Holzwurm- und Hausschwammbefall behandelt worden waren, konnte wiederverwendet werden. Schließlich blieb als einziges nur noch die barocke Vorderfront und ein Teil der dem Neckar zugewandten Seite erhalten, und im Parlament und in der Bürgerschaft gab der kostensteigernde Abbruch auf Raten

Grund für heiße und höhnische Diskussionen bis hin zur Forderung des totalen Abrisses.

Auch der Untergrund sorgte für Überraschungen und neue Kosten. Unbekannte alte Keller und eine zugeschüttete Jauchegrube kamen zum Vorschein und erforderten neue Berechnungen und verlängerte Fundamente. Ein besonderes Problem wurde die Energieversorgung des Hauses. Ein Öltank kam wegen Hochwassergefahr nicht in Frage, elektrische Energie hätte zu hohe Folgekosten verursacht. So entschied man sich schließlich – nicht ohne Einspruch der Anlieger – für eine Versorgung mit Flüssiggas unter hohen Sicherheitsvorkehrungen. Allen diesen Schwierigkeiten zum Trotz konnte jedoch schon im Mai 1987 Richtfest gefeiert werden.

Der Innenausbau verlief auch nicht ohne Probleme, vor allem machten der Stadt immer wieder Kostensteigerungen zu schaffen, die vom Parlament diskutiert und genehmigt werden mußten. 3,5 Mio. DM Gesamtumbaukosten lautete schließlich das Endergebnis, von denen die Stadt ca. 1,5 Mio. DM selbst tragen mußte, eine große Belastung für das hochverschuldete Städtchen.

Das Endergebnis kann sich aber sehen lassen. Durch große Glastürflügel, die frühere Hoftoreinfahrt, betritt der Besucher ein freundliches, großzügiges Foyer, das auch als Ausstellungsraum genutzt werden kann. Eine breite Treppe führt ins Obergeschoß, in dem sich die eigentlichen Veranstaltungsräume befinden. Zunächst öffnet sich eine lichte, halb gläserne Halle, die einen

Die original erhaltene barocke Vorderseite des neuen Bürgerhauses

Ausgang auf die nach hinten gelegene Freiterrasse hat. Um dieses obere Foyer herum gruppieren sich drei verschieden große Räumlichkeiten, die durch bewegliche Wände voneinander getrennt sind und bei Bedarf zu einem großen Saal erweitert werden können. Zusammen mit einer mobilen Bühne, einer Bar und einem Speisenaufzug erlauben alle diese Einrichtungen die verschiedensten Veranstaltungen öffentlicher, privater und sonstiger Art. Sie stehen allen Vereinen und Organisationen zur Verfügung, sind aber mit ihrer behaglichen Ausstattung ebenso für Firmen- und Familienfeiern geeignet. Durch die Möglichkeit, hier bis zu 300 Personen bewirten zu können, versprach sich die Stadt auch eine Belebung des Fremdenverkehrs, z. B. durch Betriebsausflüge.

Auch die alte Schwanen-Gaststätte im Bürgerhaus erhielt im Zuge des Umbaus ein neues Interieur und eine moderne Kücheneinrichtung. Zusammen mit dem historischen Weinkeller bietet das Haus dem jeweiligen Pächter also alle Möglichkeiten, die Gaststube und das Bürgerhaus optimal zu bewirtschaften. Es ist inzwischen zum festen Bestandteil des Gemeindelebens in Neckarsteinach geworden; viele Veranstaltungen, darunter Konzerte, Vorträge oder auch die Seniorennachmittage im Advent finden hier statt. Eine Investition also, die das gesellschaftliche Leben der Vierburgenstadt bereichert hat, die aber für die städtischen Finanzen – besonders auch durch die Folgekosten – eine weitere Belastung geworden ist.

Die Staustufe im Neckar

Seit mehr als 50 Jahren ist der Neckar zwischen Mannheim und Heilbronn ein durch Staustufen geregelter Großschiffahrtsweg.

Am 28. Juli 1935 wurde nach 15 Jahren Bautätigkeit der erste Teilabschnitt des kanalisierten Neckars nach Fertigstellung von 11 Staustufen und Schleusen zwischen Mannheim-Feudenheim und Kochendorf feierlich eingeweiht und vollschiffig an den Rhein angeschlossen. Diese von den damaligen Schiffern zunächst gar nicht einhellig begrüßte einschneidende Maßnahme brachte große Strukturveränderungen für den gesamten Schiffsverkehr und hat die Entwicklung der Partikuliere und Reeder am Neckar entscheidend beeinflußt.

Die Konkurrenz der seit 1879 bestehenden Neckartal-Eisenbahn hatte bewirkt, daß statt der bis dahin üblichen Treidel-Schiffahrt (d.h. die Schiffe wurden mit Pferden vom Ufer aus stromaufwärts gezogen) die Kettenschlepp-Schiffahrt (d.h. die Schleppboote zogen sich und drei bis vier anhängende Frachtboote an einer im Flußgrund liegenden Kette aufwärts) eingeführt wurde.

Diese technische Neuerung konnte allerdings nicht verhindern, daß die Schiffahrt oft über längere Zeit im Jahr durch Hochwasser, Eisgang und vor allem durch Niedrigwasser behindert war. Zum Beispiel vermerkt das Protokollbuch des Neckarsteinacher Schiffervereins für 1921 einen Pegelstand von 18 cm von Mai bis November und auch 1928 mußte die Schiffahrt 5 Monate lang wegen Niedrigwasser stillgelegt werden, was natürlich jedesmal einen erheblichen Verdienstausfall für die Schiffer bedeutete und die Kunden veranlaßte, ihre Transporte über die Schiene abzuwickeln.

Blick von der Vorderburg auf Neckarsteinach und die Staustufe

Die Einrichtung von Staustufen, die mit Hilfe von beweglichen Walzen den Wasserspiegel aufstauten und damit eine ausreichende Fahrrinnentiefe halten konnten, erwies sich als zwingend notwendig. Im Zuge der ab 1920 anlaufenden Bauarbeiten wurde die Neckarsteinacher Schleuse im Mai 1929 begonnen und 1931 fertiggestellt. Den Vorbehalten der Schiffer mit kleinen Booten, die befürchteten, nun gegenüber Schiffen mit größerem Tiefgang und deshalb größerer Ladekapazität nicht mehr konkurrenzfähig zu bleiben, begegnete man mit einer Befreiung von den Kanalgebühren für Boote bis 270 t.

Obwohl eine Reihe von Schiffern unter diesen veränderten Bedingungen ihr Schiffshandwerk aufgaben, sollten sich schon bald die Vorteile dieser weitgehenden Unabhängigkeit von regenarmen oder -reichen Jahren zeigen. Es setzte ein wirtschaftlicher Aufschwung ein, der viele Schiffsunternehmen veranlaßte, ihre Schiffe zu vergrößern, vor allem Massengüter wie Kies, Steine, Kohlen und Salz konnten jetzt konkurrenzfähig zur Eisenbahn transportiert werden.

Nach dem Krieg verursachte die Zunahme im Schiffsverkehr in den 50er Jahren vor den Schleusen oft lange Wartezeiten. Man baute deshalb die inzwischen bis Stuttgart kanalisierte Neckarstrecke zwischen 1956 und 1961 mit einer zweiten Schleusenkammer an jeder Staustufe aus. Diese Kammern sind 110 m lang und 12 m breit und erlauben heute eine Höchstschiffslänge von 105 m.

Die Energie des fließenden Wassers an den Stauwehren wird zur Gewinnung von Strom genutzt und in das allgemeine Netz eingespeist. Mit 11–12 Mio. t Güter pro Jahr werden auf dem Neckar heute ca. 25 % des Gesamtgüterverkehrsaufkommen in Baden-Württemberg transportiert, ein umweltfreundlicher und energiesparsamer Verkehrsweg.

Die Betreuung der 112 km langen Schiffahrtsstrecke, ihrer dem Bund gehörenden technischen Anlagen und Fahrzeuge liegt in den Händen des Wasser- und Schiffahrtsamtes Heidelberg. 1980 errichtete es im Industriegebiet von Neckarsteinach am Neckar einen zentralen Bauhof, von dem aus alle 12 Staustufen mit 25 Schleusenkammern und 12 Wehre mit ihren 40 Walzen maschinen- und elektrotechnisch unterhalten werden. Der moderne Bauhof umfaßt 40 Mann Personal und bietet auch etlichen Jugendlichen Ausbildungsplätze. Zu seiner Ausrüstung gehören eine Elektrowerkstatt mit Hochfrequenztechnik, eine Hellinganlage, mit der die betriebseigenen Fahrzeuge aus dem Wasser gehoben werden und eine als Reparaturwerft genutzte Schiffsbauhalle.

Betreut werden von Neckarsteinach aus auch alle Schwimm- und Landfahrzeuge des Amtes, von denen besonders drei Schwimmgreifer zum Beseitigen von Einzelhindernissen im Fluß oder für Schleusenreparaturen, mehrere Prähme, das sind Transportfahrzeuge für Reparaturmaterial, Schuten und Motorboote zu erwähnen sind. Das Ausbaggern der Neckarfahrrinne haben inzwischen private Firmen übernommen. Zu den allgemeinen Aufgaben des Wasser- und Schiffahrtsamtes gehören die Bedienung der Schleusen, die Regelung der Wehre bei Hoch- und Niedrigwasser, bauliche Unterhaltung des Neckars und seiner Ufer, das Setzen von Schiffahrtszeichen, Verwaltung der Jagd- und Fischereirechte und einiges mehr.

Die Kläranlage

Im September 1983 war es soweit: die teuerste Baumaßnahme, die Neckarsteinach jemals zu finanzieren hatte, die mechanisch-biologische Kläranlage für das hessische Neckartal, konnte feierlich eingeweiht und in Betrieb genommen werden. Zusammen mit den nötigen Druckleitungen, Sammlern, Regenüberlaufbauwerken und Pumpstationen kostete das gesamte Projekt 30 Mio. DM, die sich auf drei Gemeinden verteilten.

Damit hatten die hessischen Orte am Neckar – ebenso wie vorher schon die badischen – einen wichtigen Beitrag zur Reinhaltung des Neckarwassers und somit auch zum Umweltschutz geleistet. Bis dahin floß das Abwasser der beteiligten Städte und ihrer Stadtteile – nur durch Hausklärgruben notdürftig mechanisch gereinigt – praktisch ungeklärt in den Neckar. Das Baden im Fluß war deshalb schon lange verboten und die aus dieser „Kloake“ geangelten Fische galten auch nicht gerade als wohlschmeckend.

Standortfragen

Jahrelang dauerten die Planungen, wobei die Suche nach einem geeigneten Standort für die Kläranlage einen ganz erheblichen Teil der Zeit einnahm. War man zunächst davon ausgegangen, das Bauwerk an den tiefsten Punkt der Neckarsteinacher Bebauung, nämlich in die Nähe des Schiffermastes zu setzen, machten es der Fortschritt der Technik und erfolgreiche Überlegungen mit

Hirschhorn möglich, statt zwei getrennter Anlagen für beide Städte eine gemeinsame Kläranlage für das hessische Neckartal zu errichten, an die sich die Odenwaldgemeinde Rothenberg dann noch anschloß. Ein vom mittleren Hochwasser freibleibender Standort wurde schließlich in Neckarhausen an der Grenze der Neckarsteinacher Gemarkung nach Hirschhorn gefunden, wobei diese Wahl zunächst auf großes Unverständnis bei der Neckarsteinacher Bevölkerung stieß, bedeutete sie doch, daß die gesamten Abwässer der Vierburgenstadt über eine bis dahin in der BRD einmalige 8 km lange Druckleitung neckaraufwärts nach Neckarhausen gepumpt werden mußten. Geologische Untersuchungen hatten aber ergeben, daß auch wenn die Kläranlage am Schiffermast errichtet worden wäre, die Abwässer wegen der topographischen Bedingungen am Neckar trotzdem hätten dorthin – also neckarabwärts gepumpt werden müssen. Auch Hirschhorn hat bei dem Transport seiner Abwässer nach Neckarhausen auf Pumpen nicht verzichten können.

Schwierige Kanalarbeiten

Mit der Kläranlage allein, die 9,5 Mio. DM kostete, war es aber nicht getan. In Neckarsteinach und seinen Stadtteilen mußten außerdem ca. 15 km neue Druckleitungen und 2 km Ortskanäle, 12 Regenüberlaufbauwerke und 10 Pumpstationen verlegt und gebaut werden, um die Abwässer den Bestimmungen gemäß aufzufangen und der Kläranlage zuzuführen. Erklärtes Ziel der Planer und der Stadt war es dabei, alle Bauwerke so weit wie möglich unterirdisch unterzubringen. Diese Absicht und die schwierigen Geländeverhältnisse im engen Neckartal stellten die Ingenieure und Bauleute während der über dreijährigen Bauzeit oft vor die heikelsten Probleme.

So drohte beim Ausschachten für das Regenüberlaufbecken am Schiffermast durch plötzlich auftretenden Fließsand das Abrutschen eines Teils der Bundesstraße 37/45 und man war gezwungen, an anderer Stelle neu anzufangen. Bei der Baustelle am Bachweg mußte, wie durch Bodenproben bekannt war, der Fels unmittelbar neben den Stützpfeilern der großen Bundesstraßenbrücke über die Steinach gesprengt werden. Trotzdem gelang es, die tiefe Rammung so einzubringen, daß kein einziger Riß in der Umgebung entstand. Zum erstenmal wurde hier auch eine neue Fertigstahlschalung angewandt, die eine Bauzeitersparnis von vier bis fünf Wochen einbrachte.

Andere Probleme traten bei der Baustelle hinter der Neckarsteinacher Schleuse auf. Hier stieß man beim Rammen unvermutet auf tonnenschwere Findlinge, die zunächst mühsam mit Baggern herausgeholt und durch anderes Material ersetzt werden mußten. Zirka 100 Stück dieser „dicken Brocken“ mußten entfernt und durch 1100 Kubikmeter Kies aufgefüllt werden.

Die höchsten Anforderungen an das Können der Fachleute und den größten Kummer bereitete jedoch die Baustelle am Werftweg, unmittelbar oberhalb der Einmündung der Steinach in den Neckar und ringsum umgeben von mehrgeschossigen Häusern. Diese Hauslast reichte mit ihrem Druckkegel voll in die 7,50 Meter tiefe Baugrube und konnte nur unter erheblichen Schwierigkeiten durch absolut verformungsarmen Verbau, der mit eingeschobenen Betonplatten versteift wurde, aufgefangen werden. Die Baugrube war außerdem im

Teil der Kläranlage mit den drei Bio-Reaktoren

Winter 1981/82 durch Hochwasser mehrfach „abgesoffen“. Die Arbeiten selbst aber verliefen unfallfrei.

Vor allem im letzten halben Jahr der Bauphase (Herbst 1982) wurden von den Anliegern große Geduld und Verständnis erwartet. Unterhalb der B 37 waren monatelang mehrere Straßenzüge ganz oder teilweise aufgerissen, Zufahrten zu Grundstücken versperrt und tiefe Baugruben ausgebaggert. Preßlufthämmer und Betonmischer dröhnten stundenlang in die Ohren der Anwohner, und Dauerregen verwandelte die aufgerissenen Straßen in halsbrecherische, schlammige Pfade.

Die Regenüberlaufbecken haben in dem ganzen System die Aufgabe, bei starken Regenfällen ein Überlaufen des Abwassers und Platzen der Leitungen zu verhindern. Sie bestehen aus drei Kammern, wobei an normalen Tagen das Abwasser in der untersten Kammer ankommt und mit Hilfe der Pumpen mit 8 atü in Richtung Kläranlage transportiert wird. Auch das bei größerem Wasserandrang in die zweite Kammer überfließende, bereits „verdünnte“ Abwasser wird zur Kläranlage gepumpt, und nur bei übermäßig starken Regenfällen, mit denen nach der Statistik nur an 20 Stunden im Jahr zu rechnen ist, fließt das nun schon zweimal mechanisch vorgeklärte Wasser in die dritte Kammer und von dort direkt entweder in die Steinach oder den Neckar.

Funktion der Kläranlage

Parallel zu den Kanalbauarbeiten, bei denen allein 12 Mio. DM vergraben wurden, lief der Bau der Kläranlage. Mit goldenem Spaten machten Bürgermeister Kollerer von Neckarsteinach und Bürgermeister Schäfer von Hirschhorn im Oktober 1980 in Anwesenheit von Landrat Dr. Bergmann und zahlreichen Gästen gemeinsam den ersten Spatenstich für das mehr als 9,5 Mio. DM teure „Jahrhundert-Bauwerk" im hessischen Neckartal. Umgerechnet auf die ca. 10 000 Einwohner der beteiligten Gemeinden war das damals mit etwa 3000 DM pro Kopf der höchste Aufwand für Abwasserreinigung in Hessen. Ohne eine mehr als 50%ige Zuschußfinanzierung des Landes wäre die Bewältigung dieser Aufgabe niemals möglich gewesen.

Das Planungsbüro Scheuermann und Martin aus Eltville legte die Kapazität des Projekts auf 20 000 Einwohnergleichwerte (EGW) fest und zwar mit zwei getrennt fahrbaren Reinigungsstraßen für je 10 000 EGW. Hier werden heute die Abwässer von Einwohnern und Industrie aus Neckarsteinach, Grein, Darsberg und Neckarhausen sowie dem Lachsbachverband, zu dem sich die Gemeinden Hirschhorn, Langenthal und Rothenberg und seit 1989 auch noch die Ortsteile Falkengesäß, Airlenbach und Olfen der Stadt Beerfelden zusammengeschlossen haben, gesammelt und gereinigt.

Beim Eintreffen des Wassers bei der Kläranlage wird seine Menge und Beschaffenheit getrennt gemessen und geprüft und zunächst durch automatische Rechen von den in großer Zahl ankommenden Textilien, Plastiktüten, Büchsen und anderen Grobstoffen befreit. Anschließend werden im belüfteten Sandfang mineralische Bestandteile, aber auch die immer wieder in die Kanalisation eingeleiteten Fette und Öle abgetrennt. Über die mechanische Vorklärung, bei der durch einfaches Absetzen alle im Abwasser befindlichen schweren Teile zu Boden sinken, von einem Räumer zusammengeschoben und später abgepumpt werden, gelangt das Wasser dann in das biologische Belebungsbecken, in dem unter Sauerstoffzufuhr Bakterien gezüchtet werden, die während ihrer kurzen Lebenszeit die immer noch im Wasser vorhandenen Faulstoffe in fäulnisunfähige Stoffe umwandeln. Dieses nun mechanisch und biologisch gereinigte Wasser passiert auch noch die mechanische Nachklärung und wird dann – fast schon ganz klar – über eine Ablaufrinne in den Neckar geleitet. Zwei Klärwärter aus Neckarsteinach und Hirschhorn überwachen die gesamte Anlage.

Bio-Reaktoren

Das Besondere dieser Neckarsteinacher Kläranlage – zumindest damals – war die Behandlung des sich am Boden des Belebungsbeckens absetzenden Klärschlammes. Da in Voruntersuchungen festgestellt worden war, daß das aus den Gemeinden anfallende Abwasser nahezu keine Schwermetallanteile enthält, entschloß man sich, statt des bisher üblichen Faulturms das moderne „Klärschlamm-Veredelungsverfahren" zu verwenden, bei dem sogenannte „Bio-Reaktoren" es gestatten, den Klärschlamm kontrollier- und steuerbar und vor allem verbraucherfreundlich zu kompostieren. Der Schlamm wird über eine Presse zunächst entwässert und vermengt mit Altpapier als Kohlenstoffträger, das sich in einem Silo befindet, in die Bio-Reaktoren geleitet. Hier erfolgt in einem ca. 14 Tage dauernden Rotte-Prozeß mit Hilfe von Mikroorganismen und

Temperaturen um 80 Grad die Umwandlung des Schmutzschlammes in einen hygienisch einwandfreien, wertvollen, torfartigen und fast geruchsneutralen Humusbildner. Diese „Bioerde“ kann sofort in 50 l-Säcke abgefüllt und an den Endverbraucher verkauft werden.

Kläranlage als wichtiger Umweltschutzfaktor

Als im Juni 1983 endlich mit dem ersten vorsichtigen Probelauf der Kläranlage begonnen werden konnte, stellten die Verantwortlichen mit großer Erleichterung fest, daß mit kleinen Korrekturen alle Berechnungen stimmten und die sich über fast vier Jahre hinziehenden Bauarbeiten bestens ausgeführt waren. Fast drei Monate dauerte die allmähliche Inbetriebnahme der einzelnen Pumpstationen und der Aufbau der Biologie, d. h. die Aktivierung der empfindlichen Bakterienkulturen im Belebungsbecken der Kläranlage. Aber dann stand fest: das Jahrhundert-Projekt funktionierte. Die Hauseigentümer konnten ihre Hausklärgruben endgültig zuschütten und ihre Abwässer direkt in die städtische Kanalisation einleiten.

Mit der von viel politischer und anderer Prominenz begleiteten feierlichen Einweihung des teuren Projekts im September 1983 schloß sich die letzte Lücke in der Reihe von Kläranlagen sowohl im hessischen als auch im badischen Unterlauf des Neckars und trug wesentlich dazu bei, daß sich der Zustand des Neckarwassers seitdem erheblich verbessert hat. Das Baden ist nicht mehr ausdrücklich verboten, und auch Fische schwimmen wieder in größerer Zahl und Qualität im Fluß.

Heute Sorgenkind der Vierburgenstadt

Die Reinhaltung des Neckarwassers war sicher das wichtigste Ziel der ungewöhnlich aufwendigen Baumaßnahme. Aber nicht alle Erwartungen haben sich erfüllt. Der mit viel Optimismus begonnene Verkauf von Klärschlamm-Dünger läuft nur sehr zögernd. An der Beschaffenheit des Substrats kann das nicht liegen, denn bei mehrmaligen Untersuchungen wurde immer wieder bestätigt, daß die täglich anfallenden drei Kubikmeter Kompost „hervorragende Qualität“ haben und „keinerlei Schwermetallanteile“ enthalten. Viele Kleingartenbesitzer stören sich jedoch am Geruch und die bäuerlichen Großbetriebe müssen erst ein teures Bodenverträglichkeitsgutachten einholen, ehe sie den Klär-Kompost auf ihre Felder aufbringen dürfen. Hauptabnehmer sind Autobahnverwaltungen, die damit das Autobahngrün düngen; der größte Teil des wertvollen Komposts aber muß auf die Deponie gebracht werden.

Viel gravierender jedoch sind die finanziellen Folgen des Jahrhundert-Bauwerks. Die Stromkosten für die 10 Pumpstationen betragen jährlich 80 000–100 000 DM. Und die gesamten laufenden Unterhaltskosten aller Abwassereinrichtungen sind so hoch, daß ein Ausgleich über die Gebühren der Bürger nicht zumutbar ist. Ein Defizit von 750 000–800 000 DM belastet deshalb in den letzten Jahren den städtischen Haushalt – mit steigender Tendenz. Hinzu kommt, daß im Zuge immer stärker werdenden Umweltschutzes vom Land seit 1990 neben der bisherigen mechanisch-biologischen nun auch die chemische Reinigung des Abwassers verlangt wird. Die Phosphatelemination ist im Gespräch, und bis 1993 muß auch das Nitrat in der Neckarsteinacher Kläranlage herausgefiltert werden. Das bedeutet aber weitere Kosten von ca. 3 Mio. DM. Kein Wunder also, daß die Kläranlage zu den größten Sorgenkindern der Vierburgenstadt gehört, aber der Umweltschutz – und erst recht das Sauberhalten unserer Flüsse – fordert seinen Preis.

Partnerschaft mit dem französischen Städtchen Pargny-sur-Saulx

Im 850. Jubiläumsjahr von Neckarsteinach kann auch die erste Städtepartnerschaft der Vierburgenstadt mit einem französischen Städtchen ein Jubiläum feiern. Ein Vierteljahrhundert besteht die Freundschaft zwischen Neckarsteinach und Pargny-sur-Saulx, einem kleinen Ort im Nordwesten Frankreichs, am östlichen Rand der Champagne. Er liegt im Départment de la Marne, ca. 250 km von der deutschen Grenze und 200 km von Paris entfernt an der Eisenbahnlinie Straßburg – Paris.

Es war 1965, als ein freundlicher Brief aus Pargny im Neckarsteinacher Rathaus eintraf, in dem nach der Bereitschaft zur Aufnahme von partnerschaftlichen Beziehungen zwischen den beiden Gemeinden gefragt wurde. Die Initiative ging dabei von dem französischen Pfarrer George Carré aus, dessen Bruder kurz vorher die Partnerschaft zwischen der badischen Gemeinde Bammental und Vertus (nicht weit von Pargny entfernt) mitbegründet und dabei das Neckartal kennengelernt hatte. Pf. Carré war im Zweiten Weltkrieg in deutsche Kriegsgefangenschaft geraten, aus der ihm 1944 mit Hilfe eines deutschen Unteroffiziers die Flucht gelang. Ihm lag daher ganz besonders viel an einer engen Freundschaft zwischen den beiden Völkern. Unterstützt wurde er dabei vom Pfarrer des Nachbarortes, Jean Pourgeoise, der etwas Deutsch konnte, sowie vom damaligen Bürgermeister von Pargny, Charles Regnault, der vier Jahre in Frankfurt Metzgergeselle gewesen war.

Daß die Wahl all dieser Gründungsväter nun gerade auf Neckarsteinach fiel, lag in der irrigen Annahme der Franzosen, daß Neckarsteinach ebenso wie Bammental zum Rhein-Neckar-Kreis gehören würde – genauso wie Pargny und Vertus im Départment Marne liegen.

Erst später erfuhren die französischen Freunde von der Zugehörigkeit Neckarsteinachs zu Hessen, aber das war natürlich kein Hindernisgrund für die Partnerschaft. Zwei Jahre dauerten aber dann noch die ersten Kontakte und gegenseitigen Anfragen, bevor schließlich am 29./30. April 1967 im festlich geschmückten Rathaussaal von Pargny und am 9. September im Kurgarten von Neckarsteinach die Jumelage feierlich beschlossen und die Partnerschaftsurkunden ausgetauscht wurden.

„Die Stunde der Versöhnung zwischen den beiden Völkern ist gekommen", hieß es damals in den Ansprachen und Tischreden, und seitdem wurden von beiden Seiten große Anstrengungen unternommen, das frischgeknüpfte Band der

Freundschaft zu festigen und weiter wachsen zu lassen. Es gab viele gegenseitige Besuche von Schulklassen, Familien, offiziellen Abordnungen und Sportvereinen, und immer wieder waren die Neckarsteinacher Gruppen überwältigt von der französischen Gastfreundschaft.

In beiden Städten haben eine Reihe von Persönlichkeiten im Laufe der Jahre am Haus der Partnerschaft mitgebaut. In Pargny sind es schon vier Bürgermeister, die sich für die Jumelage beständig eingesetzt haben: Nach dem Mitbegründer M. Gabriel Regnault, der 1971 sein Amt niederlegte und 1980 starb, folgten Marcel Leroy, Serge Leclerc, Madame Andrée Cheneby und seit 1989 Bürgermeister Christian Burkel. Besondere Verdienste erwarben sich außerdem: Pfarrer Georges Carré und Stadtrat Paul Petitjean, die beide die Neckarsteinacher Bürgerehrung erhielten, Claude Menusier, Marc Parenthoen, M. Appell, Kreistagsabgeordneter M. Rapinat sowie Charles Eggermann.

In Neckarsteinach kann nach dem Gründungsvater und ständigen Förderer, Altbürgermeister H. Feurer, besonders der 1990 verstorbene Bürgermeister Josef Kollerer für sich in Anspruch nehmen, während seiner gesamten 19jährigen Amtszeit die Partnerschaft nach Kräften unterstützt zu haben. Daneben sind außerdem hervorzuheben Heinrich Krieger (genannt der Wohltäter), Friedrich Marco, Jakob Jooß, Gustav Adolf Lohmann, August Staub, Erwin Trumpfheller, Hans Nollert, Oskar Schmitt, Josef Foret, Karl Denner, Ernst Rasp, Werner Zobel und Heiner Götze.

Das 10jährige Jubiläum der Jumelage wurde 1977 schon festlich begangen und die neugestaltete Brunnenanlage am Bachweg in Neckarsteinach erhielt den Namen „Pargny-sur-Saulx-Platz“. Beim 20. Jahrestag der Partnerschaft gab es zwei große Feiern in jeder Gemeinde mit musikalischen und folkloristischen Darbietungen, Reden, Urkundenaustausch und vielen Geschenken. Eine deutsche Dorflinde, nicht ohne Schwierigkeiten über die französische Grenze gebracht, wurde von Bürgermeisterin Cheneby und Bürgermeister Kollerer gemeinsam auf dem neuen „Place de Neckarsteinach“ eingepflanzt und nach getaner Arbeit die Partnerschaft unter dem Beifall der Zuschauer mit einem Freundschaftsküßchen neu besiegelt.

Pargny – ein Industriestädtchen

1967 hatte Pargny ca. 2350 Einwohner und es zählt heute ca. 2800 Bürger. (Im Vergleich dazu Neckarsteinach 1967: 3167 und 1991: 3780 Einwohner mit Stadtteilen.) Während sich die beiden Partnergemeinden von der Größe her also ungefähr entsprechen, sind sie sonst sehr verschieden voneinander. Pargny liegt in der ebenen Nordchampagne und ist eine ausgeprägte Industriestadt. Sein Reichtum besteht im Vorkommen einer besonderen Tonerde, die schon zur Römerzeit – Ziegelfunde mit römischen Siegeln beweisen es – kleine Töpfereien entstehen ließen. Im 20. Jahrhundert wurden dann in Pargny vier große Ziegeleien errichtet, von denen noch zur Zeit der Partnerschaftsgründung der größte Teil der Einwohner lebte. Erst in den letzten 20 Jahren setzte eine rückläufige Entwicklung ein, und heute gibt es nur noch eine einzige Ziegeleifabrik mit ca. 200 Mitarbeitern. Sie wurde 1990 mit Millionenaufwand in ein hochmodernes Werk umgebaut und stellt im Monat ca. 5000 Tonnen Ziegel her. Zu den vielen tausend Besuchern, die dieses Superwerk nach seiner Renovierung besichtigten, gehörte im Oktober auch eine Abordnung Neckarsteinacher Bürger mit dem neuen Bürgermeister Rüdiger Völker an der Spitze.

Ein weiterer großer Arbeitgeber in Pargny ist eine Fabrik zur Herstellung von Taschenfeuerzeugen, die weltweiten Ruf genießt.

Trotzdem beträgt die Arbeitslosigkeit in dem französischen Städtchen zur Zeit ca. 30 % und bereitet den Verantwortlichen große Sorgen. In einem neugeschaffenen Ausbildungs- und Lehrzentrum werden vor allem junge Arbeitslose mit neuen Kenntnissen und Arbeitsmethoden vertraut gemacht, um ihnen bessere Chancen in anderen Berufen zu geben. Umfangreiche Straßenarbeiten in Pargny in den letzten Jahren sind nahezu abgeschlossen und boten nur vorübergehend neue Verdienstmöglichkeiten. Im übrigen finden wir in Pargny einen internationalen Holzhandel sowie die üblichen Diensleistungs- und Handwerksbetriebe. Der Schiffsverkehr auf dem Rhein-Marne-Kanal ist unbedeutend und die Touristik spielt keine Rolle.

Positive Bilanz

In den bisher 25 Jahren der Jumelage zwischen den beiden Gemeinden hat es zwar auch Phasen gegeben, in denen die Beziehung zu verflachen drohte, aber immer wieder fanden sich Anlässe und Menschen, die der Partnerschaft neuen Auftrieb gaben. Die Bilanz der 25jährigen deutsch-französischen Partnerschaft fällt auf jeden Fall positiv aus. Es wurden viele persönliche Freundschaften geschlossen, die heute bereits in die zweite Generation gehen. Die gegenseitigen Sprachkenntnisse vertieften sich, und für beide Nationalitäten bot die Verschwisterung Gelegenheit, die jeweils andere Lebensweise verstehen und akzeptieren zu lernen.

Grein in Österreich – die neue Partnerstadt

Seit dem 4. Mai 1991 hat Neckarsteinach mit seinem Stadtteil Grein eine neue Partnerstadt. Es ist Grein an der Donau in Österreich, im Strudengau zwischen Linz und dem berühmten Stift Melk gelegen. Zur feierlichen Partnerschaftsgründung mit Urkundenaustausch reisten 45 Bürger aus der Vierburgenstadt, darunter ca. die Hälfte aus dem Stadtteil Grein, zusammen mit Bürgermeister Völker, Stadtverordnetenvorsteher Hofherr, Vertretern des Magistrats und der Stadtverordnetenversammlung in das mittelalterliche Donaustädtchen, wo die deutschen Gäste im berühmten Hotel „Zum goldenen Kreuz" herzlich empfangen wurden.

Die feierliche Verbrüderung fand auf dem Schiff „Stadt Wien" der Donaudampfschiffahrtsgesellschaft statt, wo zunächst von Kulturobmann Höller und Stadtverordnetenvorsteher Hofherr die beiden Städte vorgestellt wurden. Der Neckarsteinacher Bürgermeister Völker schilderte in seiner Festansprache auch die Vorgeschichte der neuen Partnerschaft. Die ersten Kontakte seien entstanden, als Bürgermeister Hainzl aus dem österreichischen Grein seinen Urlaub im

Gasthaus „Berghof“ im neckarsteinischen Grein verlebte. Der damalige Bürgermeister Kollerer zeigte Interesse an der österreichischen Stadt gleichen Namens und bei weiteren gegenseitigen Besuchen wurde festgestellt, daß beide Gemeinden viele Gemeinsamkeiten aufwiesen.

Die knapp 3000 Einwohner zählende Donaustadt liegt genau so am Fluß und ist genau so vom Hochwasser bedroht wie Neckarsteinach, die Schiffahrt und der Fremdenverkehr spielen eine gleichbedeutende Rolle, den vier Neckarsteinacher Burgen entspricht die imposante 500 Jahre alte Greinburg, der umgebende Waldreichtum ist ebenso ähnlich wie die topographische Lage und sogar die Ersterwähnung von Grein im Jahre 1147 liegt nur fünf Jahre später als die von Neckarsteinach 1142.

1988 nahm eine Neckarsteinach-Greiner Delegation an der Premiere der 25. Greiner Sommerspiele im 200 Jahre alten, ehrwürdigen Greiner Stadttheater teil, und 1989 wurde bei einem Gegenbesuch Bürgermeister Hainzls in Deutschland im Dorfgemeinschaftshaus von Grein der gegenseitige Wunsch geäußert, eine Städtepartnerschaft zu gründen. Der endgültige einstimmige Beschluß fiel dann 1990 im Greiner Ortsbeirat ebenso wie in der Neckarsteinacher Stadtverordnetenversammlung und im österreichischen Gemeinderat.

Auch Bürgermeister Hainzl freute sich in seiner Festrede über die vielen Gemeinsamkeiten der beiden Gemeinden und nachdem auch er der neuen Partnerschaft ein gutes Gedeihen gewünscht hatte, wurden – von der Greiner Stadtkapelle musikalisch umrahmt – die Urkunden unterschrieben und ausgetauscht. In ihnen versprechen die beiden Städte, „durch gemeinsame Bemühungen im Geiste der Völkerverständigung, ihre Bürger zusammenzuführen“. Ziele der Partnerschaft sollen vor allem die Entwicklung von Familienfreundschaften und der rege Austausch von Jugend- und Vereinsgruppen sein.

Als Gastgeschenk brachten die Neckarsteinacher einen Lindenbaum mit, der unter großer Beteiligung der Bevölkerung auf dem neuen Neckarsteinach-Platz gepflanzt wurde.

Schon am Vortage hatte bereits die Verbrüderung der Feuerwehren aus Neckarsteinach-Grein und dem österreichischen Städtchen sowie deren bisheriger Partnerstadt Velburg stattgefunden, bei der auch ein feierlicher Fahnenaustausch vorgenommen wurde und die deutsche Feuerwehr ihren österreichischen Kameraden eine schöne handgeschnitzte Figur des Hl. Florians übergab. Eine Schauübung der Feuerwehren, Kranzniederlegungen, ein Festgottesdienst und gesellige Veranstaltungen rundeten die Partnerschaftsgründung ab, die für die Neckarsteinacher Gäste durch die österreichische herzliche Gastfreundschaft zu einem unvergeßlichen Erlebnis wurde.

Gesamtpanorama von Neckarsteinach mit Kernstadt, Neckarschleife und den vier Burgen

Quellenhinweise

Kreis Bergstraße. Festbuch zum Jubiläum 1988, Heppenheim 1988

Irschlinger, Robert: Neckarsteinach – Aus der Geschichte der vier Burgen, ihrer Bewohner und der Stadt. Mannheim 1971, vierte Auflage

Langendörfer, Friedhelm: Die Landschaden von Steinach. Geschichtsblätter für den Kreis Bergstraße. Band 1, Heppenheim 1971

Schaab, Meinrad: Die Zisterzienserabtei Schönau im Odenwald. Heidelberg 1963

Nagel, Bert: Der Bligger von Steinach. Ruperto-Carola, 6. Jahrgang – Nr. 13/14, 1954

Heiman, Hanns: Die Neckarschiffer. Heidelberg 1907

Wüst, Günther: 1000 Jahre Neckargemünd 988–1988. Heidelberg 1988

Arnsberg, Paul: Die jüdischen Gemeinden in Hessen. 2. Band, Frankfurt 1971

Seeliger-Zeiss, Anneliese: Die evangelische Kirche Neckarsteinach. Schnell, Kunstführer Nr. 1401, München u. Zürich 1983

Festschrift zur 800-Jahr-Feier und Protokollbuch des Schiffervereins Neckarsteinach

Außerdem habe ich mich auf umfangreiche handschriftliche und gedruckte Notizen und Aufsätze des ehemaligen Bürgermeisters und Hobby-Heimatforschers Heinrich Feurer gestützt. Das Archiv der Stadt Neckarsteinach und das Forstamt Hirschhorn gaben weitere Hinweise, und besonders dankbar bin ich für die vielen mündlichen Auskünfte zahlreicher Neckarsteinacher Bürger.